빅 트레이더의 주도주 매매법

일러두기

- 분 차트의 경우 차트를 구하는 데 어려움이 있어 다소 화소가 좋지 못합니다. 이 점 양해해 주시면 감사하겠습니다. 대신 중요하다 생각되는 부분은 그려서 뚜렷하게 보이게끔 했습니다.

- 계좌 역시 데이터가 오래된 탓에 더 좋은 화소로 싣지 못한 점 양해 부탁드립니다. 대신 차트와 달리 계좌의 경우 보기 편하도록 그림을 하나 더 그리는 것으로 가독성을 살리고자 했습니다.

빅 트레이더의
주도주
매매법

서희파더(이재상) 지음

지금 가장 뜨거운 종목에 투자하라!

 이레미디어

깡통을 차다

곤궁했던 시절, 저는 넉넉하지 않은 집안 사정 탓에 부모님께 물려받을 것도 없었고, 매달 나오는 월급만으로는 미래를 꿈꿀 수 없었습니다. 빈곤의 사슬을 끊어야 한다는 생각이 머릿속을 떠나지 않았는데 그때 떠오른 투자 수단은 부동산뿐이었고, 충분하지 않은 자본 때문에 한동안 엄두도 내지 못했습니다. 뒤늦게 대출을 받아서 지방의 아파트를 사긴 했지만 들어가지도 못하고 전세를 주고 말았습니다.

집안을 일으켜야 한다는 생각이 머릿속을 지배하던 때, 주변에서 주식으로 돈을 벌었다는 이야기가 들려왔습니다. 친한 동료의 계좌를 본 저는 주식을 해야겠다고 마음먹었습니다. 그렇게 20여 년 전, 2000만 원으로 주식 투자를 시작했습니다.

적지 않은 금액으로 시작했지만 대단한 목표를 가지고 있지는 않았습니다. 월에 1000만 원을 벌겠다는 거창한 목표보다는 매달 100만 원만 꾸준히 벌면 좋겠다는 생각을 했습니다. 이것만으로도 가계에 큰 보탬이 될 테니까요. 조금만 공부하면 이룰 수 있을 거라 생각했습니다.

그러나 금세 정말 어려운 일이라는 걸 깨달았습니다. 저는 제가 가진 금액만으로 부족해서 대출을 통해 투자금을 마련했고, 그렇게 시장에 갖다 바쳤습니다. 시장은 참 비정했습니다. 쓰기는커녕 보지도 못한 1억이라는 금액을 허공에 날려 버렸습니다.

'가족에게는 무어라 말해야 할까?'
'그것보다 나는 이제 어떻게 살아가야 하나.'
'무엇이 잘못된 걸까?'
'동료는 되는데 나는 왜 안 되는 걸까?'
'내가 한 공부는 시장에 통용되는 것일까?'

수많은 자책과 함께 스스로에게 물어보았습니다.

깡통을 찬 후 빚더미와 함께 생활고를 겪었고, 2년간 고통의 시간을 보냈습니다. 그사이 가슴속 깊은 곳에서 억울한 마음이 커져 갔습니다. 빚을 모두 갚고 나니 본전 생각이 난 거지요. 그러나 본 적도 없는 1억이라는 돈을 다시 벌 생각을 하니 앞이 깜깜했습니다. 제게 이 돈을 벌 데는 오직 한 곳뿐이었습니다.

'그 돈을 다시 찾을 곳은 주식시장밖에 없다!'

'그래. 다시 시작하자. 한 번 더 해 보자.'
'2년 사이에 1억을 잃었으니 그 기간 동안 벌 수도 있지 않을까?'

이렇게 결심한 저는 다시 주식시장에 도전했습니다. 그리고 현재에 이르렀습니다.

전업한다는 것

투자자의 90%가 원금 회복을 위해 투자한다고 합니다. 제대로 준비하지 않은 상태에서 투자했다가 비자발적 장기 투자자가 된 결과물입니다. 어떤 이는 빨리 많은 수익을 내기 위해 신용과 미수 등 레버리지를 사용하여 무리한 투자를 감행하기도 합니다. 하지만 한 방 복구 심리는 대체로 나락행으로 이끕니다. 어쩌다 그것이 잘 되었다고 해도 이와 같은 습관은 결국 건강과 돈을 잃게 하고, 결과적으로 시장에서 퇴출되게 만듭니다.

더 심한 케이스는 수익 모델이 없는 상태에서 전업 투자의 길로 뛰어드는 행위입니다. 본문에서도 언급하겠지만 전업으로 주식 투자를 하기 위해 선행되어야 할 것은 생활의 안정입니다. 그럼에도 많은 이가 급한 마음에 직장을 그만두고 투자의 길을 택합니다. 이 책을 읽을 독자가 가장 경계해야 할 행동 중 하나입니다.

이제는 직장인 투자자도 전업 투자자처럼 거래할 수 있습니다. 2025년부터 시행되는 대체거래소$_{ATS}$ 시장으로, 오전 8시부터 오후 8시까지 12시간 동안 거래됩니다. 직장인들도 출근 전 그리고 퇴근 후에 (종가 베팅 등 다양한 트레이딩 전략을 구사하며) 매매할 수 있는 것이지요.

급하게 매매한다고 수익이 빨리 따라오지 않습니다. 대체거래소가 열리는 만큼 마음을 더 차분히 가지고 트레이딩 기술을 익히세요. 직장을 다니면서 소기의 목적을 이루고, 그다음에 전업을 고민하는 게 좋습니다.

주식을 업으로 삼는다는 것은 허허벌판에서 몽둥이 하나 들고 사냥하는 행위와 다를 바 없습니다. 심지어 매일매일 사냥을 해야 먹고살 수 있지요. 매달 수입이 들어올 때와 그렇지 않을 때 마음이 다릅니다. 파이프라인이 있어야 투자도 잘 되는 법입니다. 섣부른 전업의 결정은 남은 삶을 고통 속으로 밀어 넣을 수 있습니다. 모쪼록 직장 생활을 하면서 트레이딩 기술을 연마하는 것을 추천드리는 바입니다.

매수는 기술, 매도는 예술

모두가 예술적인 매매를 하려고 합니다. 그러나 예술가를 떠올리면 수긍이 갈 겁니다. 여러분도 익히 알고 있듯 수십 년간 노력하고 공을 들인다고 예술가가 되지는 못합니다. 즉 예술가의 경우 출발점은 모두가 같지 않습니다. 냉혹하게 말하면 이 경우 다른 것이 아니라 틀릴 가능성이 높습니다.

다행히 기술자는 예술가와 달리 수년간의 반복 학습, 시행착오를 통해 누구나 될 수 있습니다. 다만 이때 명심해야 할 것이 있습니다. 예술적인 매매, 완벽한 매매, 퍼펙트한 수익은 있을 수 없습니다. 이 진실을 인정하고 시장을 대하세요. 그런 후에 트레이딩 기술을 익힌다면 한 달에 1000만 원은 물론이고, 억대의 수익을 올리는 일이 더 이상 남의 일이 아니게 될 것입니다. 매수도 기술, 매도도 기술적으로 하는 법을 배우고자 해야 합니다.

예술적인 매매를 추구하는 사람들은 주식을 학문적으로 생각하고 정답을 찾을 가능성이 높습니다. 그러나 주식은 학문이 아닙니다. 철저하게 기술입니다. 이론과 실전이 많이 다른 주식시장을 학문처럼 연구하고 분석하기 때문에 많은 이가 실패를 경험합니다.

주도주 매매에 답이 있다

저는 20년이 넘도록 투자를 해 오고 있습니다. 물론 투자 기간과 수익이 정비례하지는 않습니다만 나름 성공적인 결과를 냈습니다. 저는 이 책에서 그동안 쌓은 지식을 바탕으로 초보 투자자들도 쉽게 따라 할 수 있는 트레이딩법을 서술하고자 했습니다. 처음 시작하는 또는 이미 투자하고 있지만 수익을 내지 못하는 사람들이 습득하기 좋은 책일 것입니다. 왜냐하면 (과거 월 천을 벌던 시절과 월 억대를 벌던 시절의) 저의 매매일지를 통해 매매 방식을 습득할 테니까요. 이 과정에서 하나의 일관성을 발견할 수 있을 것입니다. 바로 주도주에서 지지고 볶고 했다는 것입니다.

종가 베팅, 눌림매매 그리고 상한가 따라잡기는 말할 필요도 없이 주도주, 대장주를 주로 매매한 것입니다. 심지어 스윙투자 또한 잠시 조정 중인 대장주를 매수하지, 더 많이 하락한 2등주나 시장 소외주를 매수하진 않습니다. 따라서 앞으로 본문에 나올 내용 또한 거의 주도주를 대상으로 한 매매임을 밝힙니다. 그것이 가장 빠른 길임을 독자 여러분이 이해하는 것만으로도 큰 수확이라 생각합니다.

집필하면서 강조하고 싶고, 한편으로는 염려했던 부분이 있습니다. 저의 분야가 단기 투자이기 때문에 이것을 돌파매매, 스캘핑으로만 생각하고, 게임하듯 잦은 매매를 할 거라 오해한다는 것입니다. 단타와 스캘핑은 매매법에 있어서 많은 차이가 있습니다. 이 책을 통해 공부하다 보면 자연스럽게 알게 될 것입니다.

저는 제가 알지 못하는 부분은 말하면 안 된다는 생각을 가지고 있습니다. 따라서 어렴풋이 아는 지식은 과감히 없애 버렸습니다.

주도주에 답이 있다는 대명제 아래 그것을 어떤 방법으로 투자했고,

그 결과는 어땠으며, 가장 효과적인 방법은 무엇이었는지를 체계적으로 정리하려 했습니다. 또한 많은 반복 학습과 예시를 통해 체화될 수 있도록 구성했습니다. 더불어 어떻게 해야 리스크를 최소화하면서 수익 모델을 장착하고, 그 결과 보다 빠른 부를 축적할 수 있는지를 제가 해 온 트레이딩을 바탕으로 익히도록 최선을 다했습니다.

책의 내용은 모든 이에게 공평하게 나눠질 테지만, 그것을 어떻게 받아들이느냐에 따라 결과는 달라질 것입니다. 이 한 권의 책이 인생의 전환기를 맞는 이들에게 희망의 불씨가 될 수 있음을 알기에 고심하며 신중하게 썼습니다.

대부분의 사람은 짧은 기간에 부자가 되고 싶어 합니다. 저는 이런 분들에게 다음의 말을 해 주고 싶습니다.

"빨리 부자가 되고 싶다면 투자의 기술을 익히고, 불확실한 투자가 아닌 트레이딩을 하십시오!"

많은 트레이더를 위한 성공 투자 지침서로서의 역할을 할 수 있다면, 책을 완성한 것에 보람을 느낄 것입니다.

이 책을 접한 모든 분에게 행운이 깃들기를 간절히 바랍니다. 더불어 집필하는 데 큰 도움을 주신 모델 겸 주식 트레이더 이나흔 님께 감사의 말씀을 드립니다.

삼겹살

테라스가 있는 곳으로 사무실을 옮긴 이후 앉은뱅이 의자에 앉아 지나가는 사람들, 자동차들, 호수, 고층빌딩의 야경을 멍 때리고 보는 것이 일상이 되었습니다.

전에 있던, 광교호수가 훤히 보이는 전망 좋은 오피스텔은 지금은 임대를 준 상태입니다. 인테리어를 새로 하고, 가끔 머리 식히러 갈 요량으로 한동안 비워 놓았는데 좀처럼 갈 기회가 생기지 않더군요. 결국 지인의 권유에 따라 월

● 그림 0-1 사무실 테라스에서 바라본 광교호수

세를 놓았습니다.

테라스에 앉아 다리를 한껏 쭉 펴고 사색에 잠기면 마음도 편해지고 평화로운 상태가 됩니다. 그러다가 생각이 떠오르기도 하지요.

'돈이 좋구나. 참 좋구나.'
'이런 집을 아무 고민 없이 사게 되었으니….'

몇 년 전에 보자마자 마음에 들어서 바로 계약하고 인테리어 작업 후에 입주한 집입니다.

돈이 인생의 전부냐고요? 글쎄요. 어떤 이는 돈이 인생의 전부가 아니다, 라고

● 그림 0-2 테라스에서 본 야경

말하는데, 저 역시 이 말에 동의합니다. 돈이 인생의 전부는 아니겠지요. **그러나 돈은 사람을 비굴하게 만들기도 하고, 초라하게 보이게도 합니다. 돈이 없으면 배도 쉬이 고프고, 먹고 싶은 것도 많아집니다. 반면 돈이 있으면 자신감이 넘치고 걸음걸이에도 힘이 있습니다. 그리고 배도 잘 고프지 않습니다.**

저는 흙수저로 농촌에서 태어났고, 초등학교 3학년 때 서울로 전학을 왔습니다. 공부를 그리 잘하지 못했기에, 아버지가 왜 서울로 보내셨는지 조금은 원망하기도 했습니다. 고통스러운 학창 시절이었지요.

조부모 슬하의, 좁은 방에 삼촌들까지 같이 살았습니다. 궁핍한 생활의 연속이었고, 당시 제게는 단돈 100원이 귀했습니다. 도시락엔 늘 김치 아니면 비슷한 풀때기 반찬뿐이었고, 그래서 친구들에게 내 것을 같이 먹자고 말할 수 없었습니다. 부모님에게 어리광 부리고, 때쓰고, 먹고 싶은 것 사 달라고 조르는 친구들의 일상이 너무나 부러웠습니다. 왜냐하면 저는 때쓰면 혼나기 일쑤였거든요. 삼촌들의 본인은 꽁보리밥에 간장이 담긴 도시락을 싸들고 학교 다녔다는 말에 "지금이 그 시절이냐고요?"라는 말이 목구멍까지 올라왔지만 하지 않았습니다. 하면 또 훈계와 잔소리만 들을 것이 뻔했으니까요.

어느 날 옆집에서 고기 굽는 냄새가 났습니다. 다세대주택이라 대문과 화장실을 같이 쓰다 보니 옆집에서 나는 소리와 냄새는 자연스레 제 귀와 코에 전달되었습니다. 저는 저도 모르게 냄새에 이끌려 옆집을 힐끗 보았습니다.

"ㅇㅇ야. 여기 와서 고기 좀 먹어."

옆집 아주머니는 저를 보며 말했고, 저는 곧장 상추에 밥을 올리고 고기와 쌈장을 얹은 후 입에 넣었습니다. 한 쌈의 행복, 그것이 삼겹살이라는 것을 나중에야 알게 되었습니다.

그 맛을 아직까지 잊지 못합니다. 제 인생 최고의 고기 맛이었습니다.

저의 학비와 조부모님 생활비를 대느라 부모님은 농촌에서 고생하셨습니다. 할아버지와 아버지, 삼촌들, 어머니, 땅, 농사, 쌀, 생활… 이 모든 갈등은 돈으로 부터 시작되었지요. 뼈 빠지게 일해서 부모님은 서울로 쌀과 돈을 보냈지만 조부모님은 매번 적다 하셨습니다. 저는 사복이 변변치 않아 늘 교복을 입고 다녔고, 양말은 구멍을 메우느라 하도 많이 꿰맨 탓인지 푹신하기까지 했습니다. 이발할 돈을 안 주니 머리는 늘 빡빡이었습니다.

하굣길 북적이는 떡볶이집의 친구들은 모두 즐거워 보였습니다. 저는 그 모습을 쳐다보지 않으려 부단히도 애썼습니다. 봄가을의 운동회는 그저 할머니가 싸 준 까만 김밥을 먹는 날이었고, 소풍은 사치였습니다. 저는 그래서 학창 시절이 싫습니다. 부모님과 떨어져 어리광 한 번 제대로 못 부리고, 늘 훈계와 못한다는 소리만 들었던 나의 소년 시절. 남들은 학교 다닐 때가 좋았다고 하는데, 저는 그 집으로부터 독립한 20대가 가장 좋았습니다.

돈을 벌어야 하는 이유가 이 정도로는 부족할지도 모르겠습니다. 그러나 제게는 필요 충분한 조건입니다. 이런 사연 때문에 열심히 살았고, 주식에 입문한 후에는 트레이딩에 온 힘을 쏟았습니다. 고민과 스트레스에 잠 못 이루는 날도 많았고 큰 손실을 볼 때는 죽음의 공포에 맞섰습니다.

그렇게 주식 투자와 함께 20년을 보냈습니다.

이제는 살고 싶은 집에 살 수 있고, 타고 싶은 차를 탈 수 있습니다. 먹고 싶은 것도 원 없이 먹을 수 있고, 가지고 싶은 것도 문제없이 가질 수 있습니다. 다만 태생이 흙수저라 그런지, 어느 식당에 가든 비싼 것을 시켜 먹더라도 메뉴판의 가격표를 힐끗 보는 버릇은 고쳐지지 않나 봅니다. 옷을 사더라도 골프웨어 외에는 관심이 없어 백화점보다는 아울렛을 가는 편입니다. 그러다 보니 명품 옷도 몇 벌 되지 않습니다. 사실 이마저도 앞으로는 사고 싶지 않네요. 터무니없는 가격 때문이지요.

저의 일상은 특별하지 않으며, 대체로 검소하게 생활하는 편입니다. 소고기보다는 삼겹살에 소주를 마시는 걸 더 좋아하고, 레스토랑의 스테이크나 파스타보다는 따끈하고 얼큰한 국밥을 더 자주 먹습니다. 나보다는 아들딸을 위해 돈을 씁니다. 제 어린 시절의 아픔을 아이들로 하여금 겪게 하고 싶지 않기 때문입니다.

전업 투자는 피곤합니다. 장이 끝나고 나면 녹초가 되지요. 대부분의 일반 투자자는 이 사실을 모릅니다. 그래서 전업 투자자들의 심정을 모르고 컴퓨터 앞에 앉아 편하게 일한다고 생각할 수 있습니다.

장이 끝나고 난 후 정말 말 그대로 '격하게 아무것도 하고 싶지 않다'는 생각이 듭니다. 그리고 이런 생각에 빠져들곤 하죠.

'주식시장이 마무리될 즈음 종가 베팅한 종목을
내일 어떻게 공략할까?'
'생각하고 있는 지지선을 지켜 줄까?'
'비중은 얼마나 실을까?'
'이슈가 살아 있나?'

'추가 매수할까, 손절할까, 수익 실현할까?'

이러한 트레이딩에 대한 고민은 장 마감과 함께 마무리 짓습니다. 특별한 약속이 없는 한 이 모든 것을 머릿속에서 정리한 다음 소파에 기댄 채 멍하니 TV를 보다가 샤워합니다. 이후 저녁을 먹고 다시 소파에 누워 드라마나 영화를 보면서 잠들어 버릴 때가 많습니다. 제가 생각해도 너무 단순하고 게으르네요. 이런 일상을 언제까지 가져갈지 모르겠지만 썩 나쁘지는 않습니다. 무료하지도 않고요. 아마 몸에 밴 습관 때문일 것입니다.

어린 시절 삼겹살은 풍요의 상징이었고 가정의 화목 그 자체였습니다. 많은 사람이 집에서 고기를 구워 먹었고, 도란도란 즐겁게 이야기를 나누었습니다. 물론 경험해 보진 않았지만 문 밖에서 들을 수 있었지요. 그때마다 저는 '난 언제 저렇게 행복하게 잘살게 될까?' 하며 눈물을 훔쳤습니다.

'아파트는 저렇게 많은데 그중 하나도 우리 것이 아닌
현실은 언제 면할까?'

이것들이 돈을 벌어야 하는 이유였으며, 동기부여의 원천이었습니다.

복싱선수 메이웨더가 이런 말을 했습니다.

"돈이 인생의 전부는 아니지만 그만한 것이 없다."

저는 여기에 덧대어 이런 말을 하고 싶습니다.

"돈이 있다고 행복한 것은 아니지만,
돈이 있어서 불행하진 않은 것 같습니다."

Chapter 1
투자 말고 트레이딩하라

Chapter 2
월 천 트레이더가 되는 법

Chapter 3   트레이딩 Big 4

Chapter 4   전상매매

Chapter 5   스윙매매

투자 말고
트레이딩하라

변하는 것과 변하지 않는 것

투자의 트렌드는 항상 변한다. 워런 버핏이나 제시 리버모어의 방식이 항상 옳은 것도 아니고, 현재 유행하는 투자법 또한 앞으로 계속 맞지는 않을 것이다. 즉 나는 워런 버핏, 제시 리버모어의 방식만을 고집해서는 현대의 시류를 따라갈 수 없다고 생각한다.

"변하지 않는 본질에 집중해야 변하는 흐름에서 흔들리지 않는다."

하이브 방시혁 의장이 한 프로그램에서 한 말로, 전업 투자자로서 너무나 공감했다. 나는 이 말을 주식 투자와 연관하여 이렇게 바꾸고 싶다.

"변하지 않는 것에 집중해야 변하는 것에 대응할 수 있다."

변하지 않는 것은 무엇일까? 제시 리버모어의 시대에도, 현대의 투자 방식에도 통하는 방법은 과연 무엇일까? 내가 느낀 줄곧 변하지 않는 본질은 업종과 종목에 있다. 다시 말해 '어떤 상태의 종목에 선택과 집중을 하여 트레이딩을 해야 하는가'다. 이 본질에 있어서만큼은 워런 버핏과 제시 리버모어도 다르지 않을 거라 믿는다.

　그렇다면 변하는 것은 무엇일까? 그것은 아마도 시대에 따라 시장을 이끄는 업종과 주도주 그리고 매매 방식일 것이다. 우리나라는 건설, 은행, 금융의 트로이카 시대를 거쳐 IT, 조선, 반도체, 제약/바이오의 시대에 들어섰다. 이 과정에서 국내외를 관통한 사건 사고와 관련한 테마주들이 주목을 받으며 주식시장에 활력을 불어넣어 줬다. 최근으로 예를 들면 코로나 시국 아래서 진단과 백신, 치료제로 제약이 대두되었고, 한편으로는 코로나로 파생된 거리 두기, 격리로 인한 여행 금지, 온라인의 활성화, 재택근무 등 많은 일이 일어났다. 이 일들은 역설적이게도 세계 각국의 양적 완화를 유도했고, 그렇게 코로나와 관련한 산업이 발전하면서 수많은 테마를 양산했다. 이 같은 글로벌 시장의 활황세는 사실상 전 국민을 투자의 세계로 끌어들였고, 그 결과 큰 부를 이룬 투자자도 많이 생겨났다.

　위기와 기회는 항상 공존한다. 코로나 시국의 암흑은 어떤 이에게는 큰 기회의 장이었다.

　현대인들은 빠른 시간 안에 많은 부를 만들고 싶어 한다. 그런 그들에 눈에 보이는 자산이 바로 코인, 주식이다. 저마다 공부를 한다고 하지만 그 방법론은 무수히 많고, 그 방법론을 적용해 보기도 전에 지쳐 결국 자신의 기준을 만들지 못한다. 예전에는 워런 버핏의 투자 방식이 환호를 이끌어 냈으나 지금은 제시 리버모어의 트레이딩법이 더 공감을 얻고 있다. 워런 버핏의 방식이 잘못되었다는 게 아니다. 다만 그의 투자 방식은 요즘처럼 빠르게 돈을 벌고자 하는 이들의 니즈를 충족시켜 주지 않을 뿐이다. 길게 보는 워런 버핏과는 반대로 제시 리버모어의 방식은 단기간의 매매에 특화되어 있다고 할 수 있기 때문이다.

나는 20년이 넘도록 이슈가 있는 개별주, 테마주, 주도 업종의 대장주를 단기 트레이딩 위주로 매매해 왔다. 그 선택에는 조금도 후회가 없다. 장기 투자와 단기 트레이딩에 대해 많은 사람이 설왕설래하지만, 분명한 것은 코리아 디스카운트가 존재하는 한 국장에서 장기 투자는 매우 험난한 난이도라는 것이다. 따라서 나는 앞으로도 투자보다는 트레이딩에 더 열중할 것이고, 이 마음은 변함이 없을 것이다.

그렇다면 우리는 어떻게 해야 성공 투자의 바로미터라 할 수 있는 월에 1000만 원을 벌고, 더 나아가서는 월 억대 수익을 얻는 트레이더가 될 수 있을까?

a. 첫째도 종목, 둘째도 종목

나는 주도 테마, 대장주 같은 뜨겁고 끼 있는 종목만 매매해 왔다. 그 결과 지금의 내가 있다고 말할 수 있다. 대장주를 치열하게 매매하면서 나의 내공은 쌓여 갔고, 나도 모르게 해당 주식의 흐름을 이해하게 되면서 시장을 보는 눈이 넓어졌다. 자연히 실패 횟수는 줄어들고 성공의 횟수는 늘어나면서 계좌는 점점 불어났다.

앞으로 다룰 내용도 대부분 대장주, 주도주를 어떻게 매매해야 하는지에 대한 것이다. 모든 게 그렇듯이 사례를 동반한 반복 또 반복하는 과정을 통해 학습의 이해도를 높이고자 했다. 이러한 과정에서 종목 선정이 왜 중요한지를 깨닫고, 독자 스스로 매매해 보면서 자그마한 성취와 '진정한 트레이딩이란 이런 것'이라는 걸 느꼈으면 한다.

b. 수익 모델

여러분이 찾는 매매법 또는 수익 모델은 무엇인가?

주식시장에는 수많은 매매법이 돌아다니고 있다. 그중에서 우리가 찾아야 할 것은 우리 자신에게 수익을 주는 방법이다. 당연하게도 쉽게 찾을 수 없으며, 일정 기간 필연적으로 시행착오를 겪을 수밖에 없다. 강의를 통해 들었든, 스스로 해당 방법으로 매매해 보니 수익이 나는 횟수나 확률이 높았든, 집중적으로 해 보는 것이 중요하다. 만약 어떤 강사로부터 배웠다면 해 보고, 나와 맞는 방향으로 수정할 줄 알아야 한다.

만능의 매매 기법이란 존재하지 않는다. 따라서 하나씩 검증을 해야 한다. 10번의 매매 중 두세 번은 수익이 나고 나머지 7~8번은 손실이 났다면, 그 방법은 틀린 것이다. 방향이 어긋나면 그 끝은 비참할 것이 분명하기에, 아니다 싶으면 과감하게 버리는 냉정함이 필요하다. 이 말인즉슨 무엇이 나에게 수익을 주는 매매법인지를 알 수 없기 때문에, 여러 경로를 통해 매매를 집중적으로 연구하면서 투자법을 하나씩 늘려 가려는 시도를 해야 한다. 이는 트레이딩에 있어 매우 중요한 작업이다.

c. 부를 이루는 속도

많은 이가 테마주의 위험성을 경고만 할 뿐 기회를 간과한다. 앞서 언급했듯이 가치 투자를 지향하는 장기 투자의 허점은 '속도'다. 그래서 나는 장기 투자가 현대의 투자 방식에는 맞지 않다고 생각한다.

나는 단기 트레이더다. 나 역시 몇 개월을 가져가는 중장기 투자를 해봤지만 성향상 맞지 않았고, 수익률로 보더라도 단타가 월등했기 때문에 지금도 짧게는 하루, 길게는 1~2주의 스윙 투자에 집중하고 있다. 제각기 관점의 차이는 있겠지만 여전히 나는 단타가 현대 투자자들의 니즈에 부합되는, 효율성 측면에서 가장 월등한 방법이라고 생각한다.

따라서 본문도 단기 투자의 기법과 스윙 투자 방법에 초점이 맞춰져 있다. 주식은 타이밍이다. 상승 추세에 있는 종목에 베팅해야 한다. 하락 추세에서는 반등을 노리는 전략만 있을 뿐이다. 가격이 저렴해졌다고 베팅할 경우 손실을 맞이할 가능성이 높다. 다시 말해서, 현재 시장에서 이슈인 종목군들, 테마주의 상승 초입에 매매하는 방법을 익혀야 한다. 이러한 종목들의 매매를 꾸준히 해 보고, 그 과정에서 본인에게 맞는 수익 모델을 장착하는 게 사실상 이 책의 목표다. 목표를 달성하고 나면 월 천은 여러분에게 어려운 일이 아니게 될 것이다.

주식시장에서
하지 말아야 할 세 가지

INVESTING VS. TRADING

1. 후회는 아무리 빨라도 늦다

주식 투자는 제때 들어가고, 들어가지 말아야 할 때 관망할 줄 알아야 한다. 즉 인내가 필요하다.

욕심에 눈이 멀거나 혹은 시세에 현혹되어 현란하게 움직이는 호가창에 나도 모르게 망나니 칼춤 추듯 뇌동 매매하다 보면 어느새 장은 끝나 있다. 그리고 뇌동 매매는 언제나 후회와 반성을 이끌어 낸다. 그러나 주식시장에서 후회는 아무리 빨라도 늦기 마련이다.

2. 적은 투자금으로 시작하라

의외로 주식시장에 입문할 때 적지 않은 투자금으로 시작하는 사람이 많다. 주변인들로부터 어떤 종목으로 돈을 벌었다는 얘기를 듣고 뒤늦게 따라 들어갔거나 매체에서 들린 호재 뉴스 또는 소위 유튜브에 떠

돌아다니는 전문가들의 종목 추천에 이끌려 매수한 경우가 대부분이다. 아직 투자의 기술, 즉 수익 내는 모델이 없음에도 불구하고 욕심 하나에 매몰되어 무지성으로 매수하는 것이다.

나 역시 다르지 않았다. 2000만 원이 넘는 돈으로 매매했고, 아무런 기법 없이 하다 보니 예수금은 점점 줄어들었다. 이것을 채우고자 집을 팔고 대출도 받았다. 그렇게 예수금 1억 원을 채웠지만 2년 만에 몽땅 잃었다.

배우고 익힐 때는 소액으로 해야 한다. 주식을 하다 보면 깡통을 차게 되는 경우가 몇 차례 발생하는데, 특히 처음에 그 속도가 빠르다. 일정 기간 시행착오를 겪으며 시장에 대한 이해도와 수익 모델을 만들면 속도는 완만해지고, 어느 순간 오히려 시드가 늘어나는 경험을 하게 된다. 이때 비로소 어느 정도의 수익을 내는 중수의 길에 들어섰다고 할 수 있다.

3. 남과 비교하지 마라

주식 투자를 하다 보면 누구는 얼마를 벌어서 집 샀네, 자동차를 샀네 하는 이야기를 듣게 된다. 사실 투자 입문 자체를 주위 사람들의 말을 듣고 하는 경우가 많다. 듣고 싶지 않아도 요즘은 유튜브나 주식 카페가 활성화되어 있어서 상대적 박탈감을 느낄 만한 이야기를 자연스레 듣게 되는데, 이런 이야기를 들으면 대부분의 투자자 마음속에는 질투와 함께 승부욕이 올라올 것이다. 누군가는 이런 상태를 좋게 볼 테지만 나는 아니다. 이성이 잠시 마비된 것이라고 여기기 때문이다. 이런 순간을 외려 조심해야 한다. 손가락이 컴퓨터 엔터키를 하염없이 누르며 뇌동 매매를 하는 우를 범할 수 있기 때문이다.

남과 비교하는 순간 트레이딩의 승률은 낮아진다. 주식과 싸우는 것만으로도 많은 정신력을 소모하는데 남과 비교하기까지 한다면 정신력은 두 배로 소진될 것이다. 사람의 특성상 남들이 잘하면 더 잘하고 싶은 욕심이 생긴다. 이때부터 어깨에 힘이 들어가고, 뇌는 승부욕에 불타굳어 버린다. 자연스럽게 마음은 급해지고, 추격 매수와 급락 시 손절이라는 최악의 매매를 하고 만다. 이렇게 계속 매매하다 보면 계좌의 예수금은 순식간에 눈 녹듯이 사라져 있다. 이런 아픔을 겪고 싶은가?

남과 비교하기보다는 남을 인정해야 한다. 그리고 그냥 얻어지는 것은 없다고 스스로에게 이야기해 줘야 한다. 시장에서 수익을 내는 대부분의 트레이더 또한 쓰라린 고통을 뒤로하고 처절하게 자신과 싸운 끝에 이겨 낸 사람들이다. 남들의 수익과 손실에 자괴감과 위로를 받지 말고, 오히려 그들을 존중하고 동경하자. 남을 헐뜯고 배 아파 하는 게 익숙해지는 일은 본인의 계좌를 위해서도 좋지 않다. 부정적인 마인드는 수익을 내는 데 큰 장애가 되기 때문이다. 나도 할 수 있다는 긍정적인 마음으로 열심히 매진하고, 성공한 트레이더에 대한 존중과 동경을 진짜 트레이더로 발돋움하는 데 있어 원동력으로 삼길 바란다.

무엇이 도박일까?

 단기 투자자들을 두고 '투기', '도박' 같은 단어를 사용하곤 한다. 단타 특성상 자주 사고팔기 때문에 이런 표현을 하는 것에 대해서 이해 못하는 건 아니지만, 장기 투자는 선이고 단기 투자는 악이라는 식의 사고방식은 당최 이해할 수가 없다. 이런 이분법적, 흑백논리를 펴는 이유를 도통 모르겠다.

 '투자'라는 단어에 대한 사전적 의미는 다음과 같다.

 이익을 얻기 위하여 어떤 일 또는 사업에 자본을 대거나 시간이나 정성을 쏟음.

 여기서 주목할 부분은 시간일 것이다. 단기간에 수익을 내고 그것을 재투입하는 것은 도박이고, 한 번 사서 오래 보유하는 것은 진정한 투자인 것일까? 내가 생각하는 투자의 최고선은 바로 수익이다. 사전적 의미에서는 바로 '이익'이다. 우리가 주목할 것은 '시간'이 아니라 '어떻게 리스크를 회피하고, 얼마나 효과적으로 자본을 투입하는가'이다. 즉 시간이나 비용보다 수익을 얼마나 내느냐가 핵심이라는 것이다.

요즘 많은 매체와 사람들의 입에 오르내리는 단어 중 하나가 바로 '텐 배거_{ten bagger}'다. 10배의 수익을 노리고 장기 투자할 종목을 찾는 것을 뜻한다. 그런데 잘 생각해 보자. 이것이야말로 도박 아닌가? 회사의 오너도 장담할 수 없는 기업의 미래 가치를 개인 투자자들은 어찌 알고 막대한 자금을 투입하는 것일까? 나는 이것만큼 리스크가 큰 투자는 없다고 생각한다.

어떤 경제 전문가는 텐 배거를 거론하며 "잘 고르세요"라고만 소개한다. 그 역시 텐 배거 종목을 모르니 이야기해 주지 못하는 것이다. 이런 영혼 없는 조언은 누구나 할 수 있다. 사람들의 귀만 현혹시키는 가치 없는 이런 말은 듣지 않길 바란다.

조금씩 확실한 수익을 쌓고 쌓인 예수금을 주기적으로 재투자하는 단기 투자가 도박일까, 아니면 10배의 수익을 노리며 기업의 미래가 어찌 될지 알 수 없는 종목에 장기 투자하는 것이 도박일까?

참고로 나는 장기 투자자를 가장 이상적인 투자자라고 생각한다. 다만 여기에는 조건이 하나 붙는다. 욕심이 없어야 한다는 것이다. 일정 수익이 발생하면 매도하고, 만약 해당 종목의 가격 조정이 끝났다고 여긴다면 재매수할 줄도 알아야 한다.

장기 투자자이자 가치 투자자인 워런 버핏 역시 사고팔기를 한다. 그만큼 목표수익률을 달성하면 매도하고 나오는, 냉정한 투자자가 또 있을까? 10배의 수익이 날 때까지 장기 투자를 고집하지 말자. 텐 배거라는 단어에 현혹되면 안 된다.

장기 투자와 단기 투자는 방식의 차이일 뿐, 무엇이 좋고 나쁘고를 판가름할 이분법적인 문제가 아니다. 이는 어쩌면 특정 세력 혹은 사회가 만들어 낸 일종의 가스라이팅인지도 모른다. 장기 투자자도 단기 투자자도 서로의 가치를 인정했으면 한다. 어떤 방식으로 투자하든 주식시장에서 수익을 많이 낸다면, 그것이 정답 아닐까?

나는 2000만 원으로 시작해 대부분 단기 투자로 현재 수백 배가 넘는 자산을 이루었다. 장기 투자만이 답은 아니다.

텐 배거

증권가에서 주로 쓰는 말로, 야구 경기에서 '10루타'를 의미하는 것에서 유래되었다. 이 용어를 사용한 피터 린치는 1977년부터 1990년까지 약 13년간 마젤란 펀드를 운영한 결과 누적수익률 2,703%를 기록했고, 이는 연 29.3%에 달했다.
텐 배거는 이후 투자자들이 '10배 수익률 종목', '대박 종목'을 지칭하는 주식시장의 용어가 되었다.

나라고 못할 것 있나?

INVESTING VS. TRADING

나에게도 스승이 있었다. 벌써 15년 전의 일인데, 당시 나는 월에 1000만 원 정도를 버는 트레이더였다. 정확히 말하면 나의 스승은 사람이 아니다. 아니, 사람이라고 할 수 있을까? 빅 트레이더의 일지가 나의 스승이었으니까.

당시는 지금처럼 체계화된 강의 시스템이 없었고, 있다 해도 내 눈에는 신뢰도가 낮은 사람뿐이었다. 나는 그들이 어떤 종목을 매매했는지를 궁금해 했다. 수익은 그다음 관심사였다. 하루 수천만 원의 수익 그리고 엄청난 매매 금액. 나는 그 흔적들을 보고 이렇게 생각했다.

'아! 이렇게도 매매할 수 있구나.'
'이렇게 크게 베팅해도 되는구나.'

'이런 종목들에서 노는구나.'
'나와 같은 종목에서 놀았구나.'

그리고 이런 결론에 이르렀다.

'저 사람들도 하는데 나라고 못할 법 있나?'

나도 그들처럼 될 수 있다고 늘 되뇌었다.

내가 본격적으로 수익을 보기 시작한 것은 이런 긍정적인 마인드를 갖고 나서부터였다. 당시 나에게는 한 가지 버릇이 있었는데, 목표가 있다면 그것을 틈나는 대로 입으로 되뇐다는 것이었다. 화장실을 갈 때도, 혼자 멍하니 있을 때도, 심지어 트레이딩을 할 때도 나는 입으로 목표를 되뇌었다. 큰 손실을 보고 마음이 상한 상태에서도, 연속된 실패로 실의에 빠져 있을 때도 내 입은 자연스럽게 "나는 할 수 있다"를 내뱉고 있었다. 누군가 보았다면 미친 사람이라고 생각했을지도 모른다. 그러나 이것이 나에게 큰 힘이 되었다.

모방은 창조의 어머니

고수들의 일지를 보면서 항상 궁금했습니다.

'왜 이 종목을 선택했을까?'
'어디서 매수하고 어디서 매도했을까?'
'분할로 여러 번 나눠서 샀을까, 아니면 한 번에 샀을까?'
'분할 매도했을까, 아니면 한 번에 팔았을까?'

돌파구를 마련하고자 부단히도 정답을 쫓아다니던 시절이었지요. 국내 유명 트레이더에게 댓글을 남겨 보고, 쪽지도 보내 보았는데 답은 없었습니다. 읽지도 않는 경우도 허다했습니다.
그렇다고 그분들을 원망하거나 미워하지는 않았습니다. 오히려 고마웠지요. 그들이 보여 준 일지 덕분에 공부할 수 있었으니까요. 그분들의 일지는 제게 있어 미래를 향한 꿈을 꿀 수 있는 소중한 도구였습니다.

저도 어느덧 주식 생활을 오랫동안 해서 나름 내공이 쌓였습니다. 그런 덕분에 누군가의 일지나 종목만 봐도 그 사람의 사이즈나 미래 발전 가능성 등을 어느 정도 가늠할 수 있습니다. 일시적인 수익인지, 아니면 지금은 비록 손실을 보고 있지만 앞으로 나아질 것인지를 예측할 수 있는 것이지요.
우연이나 거래량이 적은 종목에서 한 단주 매매 등으로 수익을 얻는 습관은 정말 좋지 않습니다. 제 주변에도 이런 유형의 매매를 고집하는 지인이 있는데, 역시나 오래가지 못하더군요. 트레이더로서 성장하지도 못했습니다.

단타 위주의 투자자라면, 단기 투자자로 크고 싶다면 큰 종목을 매매해야 합니다. 많은 거래량과 함께 출렁이는 파도를 탈 줄 알아야 한다는 뜻입니다. 물려도 이런 종목에서 물려야 합니다. 수익도 이런 종목에서 얻어야 하고요. 이런 매매 습관이 몸에 밴다면 트레이더로서 성장할 수 있으며, 미래에는 기라성 같은 투자자들과 합을 겨루며 베팅하는 자신을 발견할 수 있을 것입니다.

모방은 창조의 어머니라는 말이 있지요. 고수들의 매매 종목을 관찰하고, '왜 저 종목을 매수했을까' 하는 의문을 가지길 바랍니다. 그리고 이와 비슷한 성격의 종목이나 차트에 관심을 두고 매매해 봐야 합니다. 비록 지금은 얻어터지고 물리지만, 이 경험이 나중에 성공 투자자가 되기 위한 초석이 될 것입니다. 믿음을 가지고 거래량과 거래 대금이 많은, 이슈가 있는 뜨거운 종목을 매매하기를 바랍니다.

계좌 키우는 방법

2011년에 저는 월에 1000만 원을 넘어 월 3000에서 5000만 원의 수익을 내곤 했습니다. 당시 저는 계좌를 3개 운용했는데, 어느 순간부터 계좌의 양이 감당되지 않더군요. 그래서 하나를 줄였고, 결과적으로 저에게 아주 알맞은 숫자였습니다.

처음에 계좌를 늘릴 때는 별 생각 없이 중장기 계좌를 하나 둘 겸 개설했습니다. 그런데 워낙 단기 투자에 적응되어 있어서인지 시간이 갈수록 아무것도 못하겠더군요. 그래서 생각한 것이 프로젝트 계좌였습니다. 즉 보조 계좌를 하나 만들어서 데이 트레이딩과 스윙 투자를 하기로 한 것이죠. 저만의 작은 원칙도 하나 세웠습니다. 일정 기간 동안 목표 수익을 설정하고, 달성하면 계좌를 없애는 것입니다. 적금마냥 없애고 다시 개설하고의 반복이었죠.
저는 목표 수익을 1억 원으로 설정했습니다. 그렇게 2010년 11월 말에 계좌를 개설했고, 2011년 4월경에 목표를 달성해서 전액 인출했습니다. 약 5개월이 걸렸습니다. 주 계좌 외의 수익이라 보너스를 받은 기분이 들었습니다. 당연히 성취감도 생겼죠.

돌이켜 생각해 보니 저 스스로를 시험할 수 있는 기회였습니다. 이 종목, 저 종목 단타에 온 정신을 팔리다 보면 정작 중요한 주가의 흐름이나 종목의 성격 등을 파악하지 못하곤 하는데, 프로젝트 계좌를 운용하면서부터는 이 부족한

● 그림1-1 2011년에 운용한 계좌

일자	매수금 매도금	수수료+세금	연체/ 신용이자	매매수익금	매매수익율	누적매매수익
2011/07/29	488,197,500 560,561,800	1,838,957	0	-270,657	-0.23	43,936,500
2011/07/28	237,958,500 247,835,725	816,348	0	5,621,302	5.06	44,207,157
2011/07/27	709,161,025 614,130,800	2,040,804	0	5,764,546	5.47	38,585,855
2011/07/26	348,414,450 402,359,150	1,319,658	0	-121,858	-0.12	32,821,309
2011/07/25	238,120,000 243,473,000	802,630	0	2,172,270	2.10	32,943,167
2011/07/22	269,687,500 251,425,000	832,407	0	3,680,093	3.69	30,770,897
2011/07/21	547,259,680 544,258,740	1,796,446	83	-4,757,469	-4.35	27,090,804
2011/07/20	600,912,600 622,618,500	2,051,346	9,109	-264,555	-0.24	31,848,273
2011/07/19	540,747,400 600,285,000	1,971,975	0	8,175,625	8.06	32,112,828

부분을 메울 수 있었습니다. 주포들의 핸들링이라든가, 이슈나 특징을 비교적 상세히 알 수 있었습니다. 이 정보들은 이후에 단타를 하는 데 있어서도 여러 모로 도움이 되었습니다.

당시 운용했던 계좌들을 궁금해 할 듯하여 소개해 봅니다. 〈그림 1-1〉은 주 계좌, 〈그림 1-2〉는 보조 계좌인 프로젝트 계좌입니다. (오래된 계좌라 해상도 문제를 해결하지 못했습니다. 다만 숫자가 안 보일 듯한 독자분들을 위해 별도로 그려서 첨부했습니다)

프로젝트 계좌를 만들었을 때 초기 자금은 6000만 원이었습니다. 그런데 원금이 3000만 원을 넘어가니 계좌 원금과 수익이 그렇게까지 비례하진 않더군요. 그래서 2011년 5월에 3000만 원짜리 프로젝트 계좌를 개설했습니다. 그 결과, 〈그림 1-2〉에서 보는 바와 같이 7월 말에 예수금이 6000만 원을 넘겼습니다. 세 달 만에 약 100% 수익을 낸 것이지요.

물론 이건 계좌 불리는 방법 중 하나일 뿐입니다. 어떤 사람은 헷갈려서 오히려 안 좋을 수 있다고 생각할 겁니다. 즉 여기에는 정답은 없으며, 자신에게 맞는 방법이 가장 좋기에 그 방법을 찾길 바랄 뿐입니다. 다만 그 해답을 찾지 못했다면, 계좌가 커지지 않고 정체기에 있다면 한 번쯤 시도해 보는 것을 권합니다. 수익을 내는 방법도 마찬가지입니다. 대형주 매매만 하는 것도, 테마주나 급등주를 고집하며 매매하는 것도, 그 어느 것도 정답은 아닙니다. 자신이 무조건 옳다고 주장하는 것은 의미 없는 논쟁입니다. 우리가 따질 것은 흑묘백묘가 아니라 쥐를 어떻게 잡느냐입니다. 각자의 방법대로 쥐를 잘 잡을 수 있다면 그것으로 된 것입니다.

● 그림1-2 2011년에 운용한 프로젝트 계좌

일자	예탁자산	주식평가금	매수금 매도금	수수료+ 세금	연체/ 신용이자	매매수익금	매매 수익율(%)	누적매매수익
2011/07/29	60,645,646	43,825,000	103,241,150 117,087,500	384,292	0	787,058	1.31	23,038,834
2011/07/28	59,861,320	56,500,000	194,912,500 202,325,000	666,525	0	1,145,975	1.95	22,251,776
2011/07/27	58,715,345	62,100,000	47,362,500 26,900,000	91,830	312	3,245,358	5.85	21,105,801
2011/07/26	55,469,987	38,300,000	106,150,000 114,563,750	376,792	0	287,358	0.52	17,860,443
2011/07/25	55,182,629	46,049,600	58,750,000 69,221,300	226,854	0	-4,448,454	-7.46	17,573,085
2011/07/22	59,631,083	60,742,500	94,468,375 69,550,000	233,241	0	1,715,884	2.96	22,021,539
2011/07/21	57,915,199	33,875,000	123,200,000 112,250,000	372,040	1,405	501,555	0.87	20,305,655

2011년 첫 월 억을 달성하다

2011년 8월에 주식을 시작한 이래 처음으로 월 억을 달성했습니다. 두 개의 계좌를 모두 더하니 수익이 억대가 되더군요. 당시 너무 감격스럽고 기뻤습니다. 한편으로는 그동안의 고생이 떠올라 울컥하기도 했습니다.

아무것도 모르고 단타에 뛰어들어 2년 만에 전 재산이라 할 수 있는 1억을 시장에 고스란히 바치고, 그것도 모자라 증권사에 돈을 더 입금했지요. 결국 빚까지 졌고, 생활은 더 궁핍해졌습니다.

깡통 이후 저의 삶은 심적으로나 육체적으로나 고통으로 점철된 나날이었습니다. 밤에는 누가 볼 새라 대리운전을 하며 돈이 생길 때마다 대출을 갚아 나갔지요. 이따금 손님이 대리운전비 외에 수고했다며 팁을 주기도 했는데, 그때의 5,000원이 그렇게 고마울 수가 없었습니다.

어떤 날은 몇 건 하지도 못하고 대기만 하기도 했습니다. 그런 날은 어깨가 더욱 무거워졌고, 어린 아이들이 생각나 눈물을 삼키며 집에 들어가곤 했습니다. 아이들과 외식은커녕 먹을 쌀이 몇 번이나 떨어져 수제비로 밥을 대신한 날도 있었습니다. 그렇게 근근이 생활을 꾸려 갔지요.

첫 월 억을 달성했던 달에 주변 사람들에게 쌀을 나누어 주었습니다. 2년 만에 깡통 차고 2, 3년간 처절한 생활을 겪고 주식으로 잃은 돈은 주식시장에서 찾아올 수밖에 없다는 생각에 이를 악물고 다시 시작했습니다. 결국 빚을 모두

갚았고 총 1억 원의 누적 수익을 냈습니다. 6년 정도 걸린 것 같습니다.

그 후 몇 년간의 고군분투 끝에 드디어 월 억의 수익을 달성한 것입니다. 한 달에 억대의 수익은 세상을 다 가진 듯한 기분이 들게 했습니다. 어려웠던 시절의 쌀, 그래서 저에게 쌀의 의미는 남다릅니다.

2012년 1월에 썼던 매매일지입니다.

> *주식 투자란 항상 자신감을 가지고 매매하되, 지나치지 말아야 한다.*
> *지나치면 자만이 되기 때문이다.*

요새 장을 한마디로 표현하면 좋은 장이다, 나쁜 장이다로 말하기는 그렇고, 좋지도 나쁘지도 않은 장이라고 할 수 있겠습니다. 대형주, 개별주, 테마주 그 어떤 매매든 그렇습니다. 테마주가 한풀 꺾이긴 했지만 아직은 살아 있고, 대형주들도 크게 오르지 않아 눈에 띄는 종목이나 업종이 보이지 않는 듯하지만 그런 대로 매매할 종목은 꾸준히 있습니다. 매번 하는 생각이지만, 대응을 잘하고 강한 종목을 쫓아다니다 보면 좋은 결과가 있을 거라고 믿습니다.

저는 지난 12월 달에 수익 1억 원을 돌파했습니다. 작년 8월 달에 두 개 계좌 합해서 이미 돌파하긴 했지만, 단일 계좌로는 처음입니다. 보조 계좌가 1000만 원 정도로, 합해서 1억 3000만 원 정도 수익을 보았네요.
2011년 마지막 달을 의미 있게 끝내게 되어서 시장에 감사할 따름입니다. 더 좋은 날도 오겠지요.

이후 꾸준하게 월에 억대를 벌며 승승장구할 것으로 기대했지만, 시장은 저를 억대 트레이더의 그릇은 아니라 여긴 것 같습니다. 2012년 1월부터 현재까지는 기본만 하고 있습니다. 여전히 계좌 2개를 운용하는데, 월에 4000에서 5000만 원의 수익을 내고 있습니다.

만족하지만 지지부진한 행진이 답답하기도 합니다. 월 억대 트레이더의 영역은 아직도 제게는 다른 나라 세상인가 봅니다.

● 그림 1-3 2011년 12월 하나의 계좌로 달성한 억대 수익 내역

일자	예탁자산	주식평가금	매수금 매도금	출금/출고	수수료+세금	매매수익금	매매 수익율(%)	누적매매수익
2011/12/29	108,394,716	0	35,350,000	0	192,486	-642,486	-0.59	116,779,264
			59,425,000	0				
2011/12/28	109,037,202	24,525,000	475,410,000	30,000,000	1,757,773	5,898,277	5.72	117,421,750
			535,391,050	0				
2011/12/27	133,138,925	76,850,000	642,761,250	1,000,000	2,004,888	-1,658,498	-1.23	111,523,473
			605,882,640	0				
2011/12/26	135,797,423	39,625,000	559,468,100	20,000,000	1,931,490	5,165,760	3.95	113,181,971
			586,540,250	0				
2011/12/23	150,361,663	59,599,900	653,148,500	55,000,000	2,107,614	-933,784	-0.62	108,016,211
			637,997,430	0				
2011/12/22	206,565,447	43,275,000	568,599,990	0	2,157,928	9,853,172	5.01	108,949,995
			657,986,090	0				
2011/12/21	196,712,275	120,650,000	645,947,500	0	1,967,376	4,688,174	2.44	99,096,823
			593,828,050	0				
2011/12/20	192/024/101	61,875,000	522,063,400	0	1,720,774	8,242,026	4,48	97,408,649

● 그림 1-4 주 계좌(12.01~04)

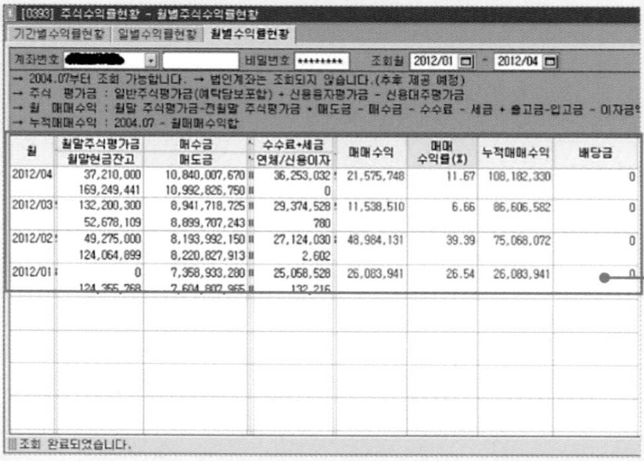

| 월 | 월말주식평가금 | 매수금 | 수수료+세금 | 매매수익 | 매매수익률 | 누적매매수익 | 배당금 |
	월말현금잔고	매도금	연체/신용이자				
2012/04	37,210,000	10,840,007,670	36,253,032	21,575,748	11.67	108,182,330	0
	169,249,441	10,992,826,750	0				
2012/03	132,200,300	8,941,718,725	29,374,528	11,538,510	6.66	86,606,682	0
	52,678,109	8,899,707,243	780				
2012/02	49,275,000	8,193,882,150	27,124,030	48,984,131	39.39	75,068,072	0
	124,064,899	8,220,827,913	2,602				
2012/01	0	7,358,933,280	25,058,528	26,083,941	26.54	26,083,941	0
	124,355,768	7,604,807,965	132,216				

● 그림 1-5 보조 계좌(12.01~04)

| 월 | 월말주식평가금 | 매수금 | 수수료+세금 | 매매수익 | 매매수익률 | 누적매매수익 | 배당금 |
	월말현금잔고	매도금	연체/신용이자				
2012/04	46,600,000	10,004,771,770	33,162,139	9,488,686	7.19	56,370,556	211,500
	91,298,236	10,051,338,690	91,095				
2012/03	50,425,000	4,281,495,570	14,273,142	38,150,902	37.74	46,881,870	0
	87,737,466	4,327,445,405	25,791				
2012/02	43,925,000	6,114,833,500	20,266,831	1,303,052	1.23	8,730,968	0
	60,086,564	6,142,896,465	18,082				
2012/01	50,400,000	2,859,243,400	9,592,161	7,427,916	9.27	7,427,916	0
	62,308,512	2,909,068,100	104,623				

월 천 트레이더가 되는 법

실패는 패배가 아니다

대장주라는 말을 들어 봤을 것이다. 대장주는 해당 산업을 선도하는 주식으로, 글로벌 시장을 예로 들면 미국은 대장주, 우리나라는 2등주라고 생각하면 이해가 빠를 것이다. 대장주면서 주도주이기도 한 미국 증시가 재채기라도 하면 그것에 많은 영향을 받는 우리 시장은 독감 걸린다는 말이 있을 정도로 그 둘의 차이는 크다.

2024년 10월 현재 신고가를 경신하고 있는 미 증시에 비해 오히려 작년보다 못한 지수를 기록하고 있는 우리 증시를 보면 더 확연하게 알 수 있다. 정확한 이유는 모르겠으나 '금융투자소득세'도 원인 중의 하나일 것이다. 만약 그렇다면 역설적이게도 우리 시장에 큰 기회가 남아 있다고 할 수 있다. 문제가 해소된다면 호재로 작용할 수 있기 때문이다. 지금까지 글로벌 시장과 동조화되지 못한 것이 상승의 커다란 모멘텀이 될 가능성이 있으므로 우리 시장을 너무 비관적으로 볼 필요가 없다는 것이다. 주식은 가장 공포스러울 때 진입해야 가장 큰 수익을 얻는다. 이 사실을 잊지 말자!

대장주와 2등주에 대해 더 자세히 알아보자.

투자를 시작한 지 얼마 안 된 사람들의 특징 중 하나는 매매 기법, 검색식 또는 보조 지표, 매매 타점만 공부하는 경우가 많다는 것이다. 그러나 정작 가장 중요한 것이 여기에 빠져 있다. 바로 종목이다. 물론 몰라서 그럴 것이다. 하지만 투자한 지 오래된 투자자들도 이 진실을 모르는 경우가 많다.

종목이 좋으면 어떤 기법을 쓰든 거의 통한다. 그리고 대장주는 하락을 하더라도 반등이 빠르고 폭이 크지만, 2등주는 급락을 한 뒤 반등하는 속도가 상대적으로 느리고 폭도 크지 않다. 이유는 간단하다. 인기가 많은 종목, 즉 대장주는 누구나 사고 싶어 하기 때문에 보유하지 않은 사람들은 주가가 떨어지길 바란다. 그들은 왜 주가 하락을 원할까? 그저 질투일까? 아니다. 떨어지면 줍기 위해, 다시 말하면 매수를 하기 위해 대기하는 것이다. 따라서 탄력이 좋고 반등 또한 클 수밖에 없다.

부동산을 예로 들어 보자. 서울 핵심 지역의 아파트는 부동산 하락기에 떨어지는 폭이 작은 반면, 상승할 때는 회복이 빠르다. 반면 그 외의 지역은 하락폭도 크고, 상승기에는 회복하는 속도도 느리다. 대장주를 트레이딩해야 하는 이유가 바로 여기에 있다.

선수들이 모인 곳에서 놀아야 실력도 는다. 시장의 이슈가 모인 곳, 거래 대금이 많은 종목에 부딪히며 매매해야 한다는 뜻이다. 물론 이런 종목들의 호가창이 현란하게 움직이고, 등락도 크기 때문에 무서울 수 있다. 그러나 관심이 많은 종목은 사고자 하는 사람과 팔고자 하는 사람이 많기 때문에 등락이 커지는 것은 자연스러운 현상이다. 우리는 이러한 종목에서 날고 가는 고수들과 많이 부딪혀 보고, 적은 금액으로 많이 지면서 이기는 법을 하나씩 터득해 나가야 한다. 트레이더로서 성공의 문은 이 과정에서 열린다.

실패는 패배가 아니다.

어려운 매매가 수익을
가져다주지는 않는다

대장주가 상승했을 때 또는 상한가에 안착했을 때 2등주를 매매하는 방식을 짝짓기 매매라 일컫는다. 개인적으로는 선호하지 않는 매매법이다.

나는 고집스럽게도 대장주만 사랑한다. 많은 사람이 대장주는 너무 높은 곳에 있으니 2등주를 매매하곤 하는데, 나는 이런 트레이딩을 거의 하지 않는다.

나는 대장주가 많이 올랐다면 어떻게 상한가 따라잡기를 시도할까에 대해 연구하지, 짝짓기 매매를 염두에 둔 일은 없다. 즉 2등주 매매를 위한 준비는 웬만하면 하지 않는다. 내가 보지 못한 사이 대장주가 상한가를 찍었거나 거래 대금이 적은 상태로 가볍게 상승하던 종목이 상한가를 찍는 경우가 있는데, 이때야말로 짝짓기 매매를 해야 하는 때다. 대장주 못지않게 끼가 많고 상승폭도 작지 않은 종목, 대장주에 버금가는 2등주를 매매하는 것이다. 그렇지 않은 경우에는 무조건 대장주를 매매한다. 이런 케이스 외에는 짝짓기 매매를 하지 말아야 한다. 단, 확실히 해 둘 것이 있는데 내가 말하는 대상은 입문자이며, 매매를 잘하는 사람은 해도 된다. 이 매매 특성상 난이도가 높기 때문이다.

나는 쉬우면서 수익을 많이 주는 매매를 해야 한다는 입장이다. 이 짝짓기 매매는 이 점에서 완전히 반대 지점에 있다. 어려운데 수익은 많지 않으며, 심지어 트레이딩 실력을 연마하는 데도 도움이 되지 않는다.

어려운 매매를 한다고 해서 수익이 크게 나는 것은 아니다. 따라서 자신에게 맞는 트레이딩 기술 몇 가지만 연마하고 발전시켜도 주식시장에서 살아남을 수 있으며, 계좌 역시 꾸준히 우상향시킬 수 있다.

이유가 있는 종목을 매매하라

INVESTING VS. TRADING

    앞서 간단히 이야기했지만, 대장주란 상승률이 가장 높고 특정 테마 또는 업종의 상승과 하락을 리드하는 종목이다. 가장 먼저 상한가에 가는 종목을 대장주라 생각하면 무리 없는 해석이다. 대개 대장주가 상승 또는 하락하면 2, 3등주도 따라서 상승 또는 하락하는데, 차이라면 대장주에 비해 2, 3등주는 상승폭은 더 작고 하락폭은 더 크다. 또한 대장주는 거래량이 많은, 시장 참여자들의 관심을 한 몸에 받는다. 그래서 상한가도 가장 먼저 안착한다. 이따금 가볍게 움직이는 종목이 진짜 대장주보다 먼저 상한가에 도달하기도 하는데, 이 경우를 투자자들은 '바지 사장'이라고 부르곤 한다.

    진짜 대장주는 바지 사장에 따라 움직이지 않고, 우직하게 관련 테마의 중심을 지키며 다른 종목들의 움직임을 리드한다. 진짜 대장주가 조금이라도 흔들리면 먼저 상한가를 간 종목의 투자 심리가 불안해지면서 매도 물량이 출회되는 경우가 종종 있다. 따라서 진짜 대장주를 매매하는 것이 심리적으로 편안할 수 있다.

2023년 3월 23일과 24일, 양일간의 매매일지를 소개하겠다. 이때 대장주는 레인보우로보틱스로, 로봇 테마가 시장의 관심을 받고 있었다.

● 그림2-1 2023년 3월 23, 24일 매매 일지

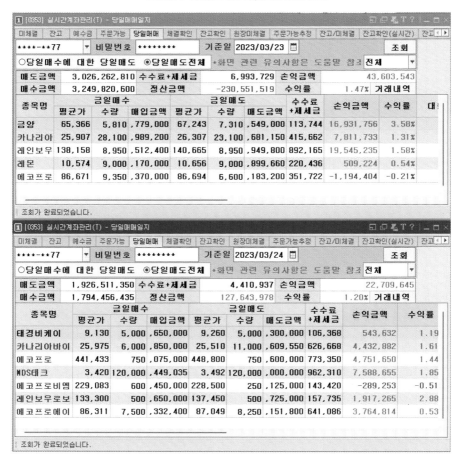

● 그림 2-2 레인보우로보틱스 1분 차트(23.03.23)

물론 이보다 더 높은 상승률을 기록하거나 상한가를 간 종목도 있었지만, 레인보우로보틱스가 중심을 잡고 주가가 제 갈 길을 가자 다른 관련 종목들이 그 뒤를 따랐다.

금양은 당시 리튬테마 대장주였고, MDS테크 역시 그 위치를 이수페타시스에게 빼앗겼으나 당시만 해도 엔비디아 대장주 역할을 했다.

보는 바와 같이 이틀간 매매한 종목 중 대장주라는 점에서 고개를 갸웃하게 하는 종목은 없다. 모두 핫한 테마의 대장주 또는 개별 이슈를 가진 종목이었다. 이런 이유가 있는 종목을 매매해야 실력이 늘고,

월에 1000만 원을 벌 수 있다.

항상 대장주 역할을 하는 것은 아니다

삼성전자의 인수 기대로 급등한 레인보우로보틱스는 현재도 대장주 역할을 하고 있다. 간혹 다른 로봇 관련주가 상한가를 가기도 하지만 이것은 개별적인 호재성 이슈에 의한 것일 뿐, 로봇 테마에 의해 간 것이 아님을 이해하자. 또한 테마주가 활성화되어 같이 움직일 때 대장주 역할을 하는 것이지, 항상 하는 것이 아님을 알자.

테마주에 대한 오해

우리나라 주식시장은 테마주의 역사와 궤를 같이한다. 주식 투자를 한 지 20년이 넘었지만 테마주가 없는 날은 단 하루도 없었고, 이는 지금도 마찬가지다.

AI 열풍에 미국 주식인 엔비디아가 실적을 동반하며 급등했고, 이에 관련주 역시 동조하는 흐름을 보였다. 이수페타시스/한미반도체 등의 AI 반도체, 전력 수요 급증에 따른 LS ELECTRIC/제룡전기 등의 송배전 관련주, LG전자/삼성공조 등의 열 관리 테마 등으로 확산되었고, 실체의 유무를 떠나 조금이라도 관련이 있으면 뉴스와 함께 급등하며 테마가 만들어졌다. 이 중에는 물론 실적을 동반한 관련주도 많다. LS ELECTRIC 등은 대형주이면서도 인상적인 실적을 거두며 탄력 있게 신고가를 연일 경신하면서 시장을 이끌었다. 이외에 두산에너빌리티/우진앤텍 등의 원전 관련주, 필옵틱스 등의 유리기판 관련주 또한 많은 트레이딩 기회를 주었다. 이처럼 대형주, 소형주 할 것 없이 테마에 편승하며 시장에 활력을 불어넣었다.

반면 움직임이 둔하고 무거운 주식이라 할 수 있는 삼성전자는 2024년 10월 현재, 주가가 부진을 보이며 투자자들의 기대에 한참 못 미치고 있다. 부를 이루는 데 있어 속도가 중요한 요즘 투자 트렌드와는 맞지 않은, 매력이 떨어진 종목이라 할 수 있다. 다만 우리나라를 대표하는 대체 불가의 글로벌 기업인 만큼 분명 주가는 그에 걸맞은 위치를 찾을 수 있을 거라고 본다.

독자들은 부자가 되기를 원하거나 적어도 보다 나은 수익을 기대하며 이 책을 집어 들었을 것이다. 나는 이 기대를 단기 트레이딩에 대한 관심으로 바꿔 부르고 싶다. 안정성인가, 빠른 부의 축적인가? 이 중 무엇을 고를지 여부는 전적으로 독자 여러분의 선택이다. 트레이딩의 관점에서 본다면 중수까지는 테마주를 매매하는 것이 계좌의 성장 면에서 빠르다. 물론 '투자의 기술'이 있다는 전제 아래 그렇다. 투자의 기술이 없다면 십중팔구는 그 반대의 결과를 얻는다.

삼성전자 같은 우량주의 경우 소액으로 단기간에 큰 자금을 만들기에는 역부족이다. 필자가 강조하는 것이 '빠른 시간에 부를 축적'하는 것인 만큼 앞으로는 테마주를 어떻게 트레이딩해야 하는지에 대해서 하나씩 짚어 보겠다.

영어 시간에는
영어 공부만 해야 한다

INVESTING VS. TRADING

제도권이나 방송 등에서는 테마주 매매를 하면 안 되는 것마냥 취급한다. 결국 주가는 제자리로 돌아오기 때문에 위험하다는 게 그들의 논리다.

이런 이야기를 들으면 하나만 알고 둘은 모른다는 생각이 든다. 제자리로 돌아오는 것을 생각하기 전에 꼭대기 지점까지 상승할 때의 수익의 기회는 간과되었기 때문이다.

언제의 When과 어떻게의 How를 무시하기 때문에 이런 말이 나온다. When은 테마주가 활황일 때 진입하고, 이슈의 결과가 나오기 전에 조정을 보이면 멀리하는 것이다. 또한 How는 각자 처한 상황에 따라 단타를 할 것이냐, 스윙을 할 것이냐를 말하는 것이다. 좀 더 세부적으로 들어가면 눌림매매를 할 것인가, 상한가 따라잡기, 돌파매매, 종가 베팅을 할 것인가로 구분할 수 있다.

테마주는 전개가 빠르다. 단기간에 생성과 성장, 성숙, 소멸의 시기를 거친다. 사이클이 짧다는 것은 그만큼 기회가 많다는 의미이기도 하다. 일주일 만에 끝나는 것도 있고, 길게는 1년 이상 가기도 한다. 대선 테마와 COVID-19가 후자에 해당한다. 이런 큰 테마는 예상보다 많이 오르고, 생각보다 오래간다. 그러나 주가와 마찬가지로 테마도 그것이 언제까지 갈지는 아무도 모른다.

시장이 종목을 상한가로 만들어 주고, 관련 테마의 확산이 지속된다면 투자자도 거기에 편승해야 한다. 여기서 우리가 할 일은 이슈와 모멘텀의 결론이 났는지 여부와 거래량이 줄어들면서 시장의 관심권 밖으로 밀려나고 있는지를 면밀하게 체크하는 것이다. 시장의 관심권 밖으로 밀려나고 있다면 관련 종목들을 매매 대상에서 당연히 제외해야 한다.

2023년 중반부터 2024년 초반까지 시장을 주도했던 초전도체 테마를 살펴보자. 2023년 7월 28일, 상온 상압하에서 마이스너 효과를 일으키는 꿈의 물질인 '초전도체(LK-99)'를 국내 퀀텀에너지연구소의 연구진이 세계 최초로 구현했다는 소식이 들려왔다. 이에 관련주인 서남이 제일 먼저 급등하며 테마의 불을 피웠다. 나는 이때 이제껏 듣도 보도 못한 초전도체에 대해 급하게 기사를 검색하기 시작했다. 기사에서는 도저히 이루어 낼 수 없는 물질이라는 물리학계의 말을 인용했다.

● 그림 2-3 서남 관련 뉴스

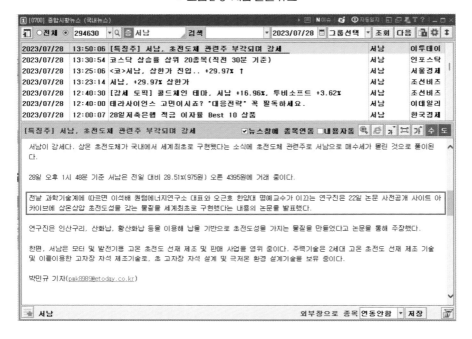

내가 어떻게 했을까? 나는 반신반의했지만 확실한 건 주가는 시장의 주목을 받고 있고, 상승세를 탄 관련주도 늘어나고 있었다. 즉 새로운 테마가 만들어지고 있었다. 세계 및 국내 학계의 부정적인 시선에도 아랑곳하지 않고 서남의 주가는 3,000원대에서 7거래일 만에 장중 1만 5,000원대까지 5배 이상 치솟았다(《그림 2-4》).

서남은 퀀텀에너지연구소와 직접적인 관련이 없다는 내용을 홈페이지에 공표했고, 이에 주가는 급락했다. 대신 신성델타테크가 계열사인 L&S인베스트먼트를 통해 퀀텀에너지연구소의 지분을 소유하고 있다는 소식이 알려지며 대장주로 등극했다. 신성델타테크의 일간 차트를

초전도체 테마 형성

보자(〈그림 2-5〉).

신성델타테크는 2023년 7월에 초전도체 테마가 생성되었고, 상한가

를 가는 등 급격하게 상승하다가 횡보 조
정기를 거친 후에 다시 한 번 시세를 주며
다음 해 2월, 장중 최고가인 184,800원을
찍었다. 이후 하락하여 2024년 5월인 현재,
주가는 6만 원대에서 하락 횡보하고 있다.
15,000원 하던 주가가 한때 12배 이상 급
등한 것이다. 다른 관련주는 상승분을 모
두 토해 내고 원래 자리로 돌아왔으나, 신
성델타테크는 여전히 초기 형성 시점보다

LK-99

이름은 발견자 두 명의 이니셜(이
석배의 L, 김지훈의 K)과 발견
연도(1999)에서 따왔다. 퀀텀
에너지연구소는 LK-99가 상압
400K(127℃) 이하의 환경에서
초전도체의 성질을 보이는, 상온
초전도체라고 주장하고 있다. 그
러나 아직까지 초전도 성질이 확
인되지 않았고, 그것의 합성과 초
전도 현상의 확인은 동료 평가를
거치거나 독립된 타 연구팀이 재
현하지도 못했다.

● 그림 2-5 신성델타테크 일간 차트(23.07~24.05)

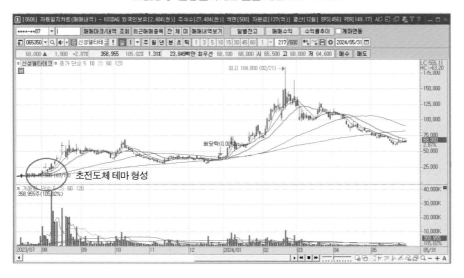

높은 지점에 있다. 무엇을 의미할까? 대장주는 많이 상승하고, 오랫동
안 오르며, 하락도 다른 종목처럼 가파르지 않다는 것이다. 여기에는 퀀
텀에너지연구소의 지분을 보유하고 있다는 사실도 한몫한다. 물론 퀀텀
에너지연구소의 LK-99는 여전히 주장만 있을 뿐, 명확히 증명해 내지
못한 상태다. 또한 물리학계는 그 물질의 초전도 현상을 인정하지 않고
있다.

　테마주는 주가의 등락이 크기 때문에 눌림매매, 종가 베팅, 상한가
따라잡기, 돌파매매 등의 트레이딩 기술을 빠르게 익힐 수 있다는 이점
이 있다. 더불어 이때는 뉴스가 많이 나오기 때문에, 뉴스를 해석하고
판단하는 능력도 자연스럽게 길러진다. 즉 뉴스가 주가에 어떠한 영향

을 미치는지 이해하게 되고, 트레이딩 기술을 통해 적절하게 진입하고 청산함으로써 수익을 내는 법을 배울 수 있다.

주가 등락의 원리는 같기 때문에, 이렇게 만들어진 트레이딩 기술은 평생 써먹을 수 있다. 다른 개별 이슈의 종목 매매에도 적용되는 것은 물론이다. 테마주를 대할 때는 어떤 현상이나 실체의 유무에 따른 이성적인 판단보다는 시장의 관심 크기를 이해해야 한다. 그 관심이 주가의 상승으로 이어지는지를 냉정히 파악해야 한다는 것이다.

2022년 대선을 앞두고 윤석열 당시 대통령 후보와 같은 파평 윤 씨라는 이유로, 또 대학 동문이라는 이유로 웅진이 테마주에 편입되며 급등하는 기현상이 벌어졌다. 이처럼 테마는 머리로 이해하려 하지 말고, 시장이 테마를 어떻게 판단하는지를 봐야 한다. 또 강조하지만 시장은 항상 옳다. 난다 긴다 하는 고수들이 테마주를 좋아하는 이유이기도 하다.

지금 뜨거운 테마와 종목에서 놀아야 한다. 바닥을 기고 있는 과거의 테마주나 개별 종목에 그 이슈가 다시 불기를 바라며 장기 투자하는 것은 옳지 않다.

학창 시절, 영어 시간에 수학 공부를 하는 학생이 가끔 있었다. 대개 공부를 못하는 친구들이 그렇게 했다. 이는 지금 한창 뜨거운 테마와 종목을 트레이딩해야 하는데, 혼자 상상의 나래를 펼치며 바닥에서 기고 있는 종목들이 텐 배거가 될 거라고 생각하는 이와 다를 바 없다. 영어 시간에 영어만 공부해도 겨우 따라갈까 말까다. 그러니 영어 시간에는 영어 공부만 해야 한다.

지금까지 초전도체 테마 대장주인 신성델타테크의 예를 들어 보았다. 신성델타테크의 차트에서 보았듯이 상승기의 몇 개월 동안 트레이딩할 구간은 충분하고도 남는다. 이는 직장인뿐만 아니라 자영업자에게도 매매할 기회가 있었다는 뜻이다.

그들이 실패하는 이유는 고점을 경신하며 화려하게 피날레를 장식하고 난 후 하락 조정을 보일 때 매수에 동참했기 때문이다. 매매를 하고 안 하고는 본인의 선택이지만, 테마주라고 해서 무조건 색안경을 끼고 보지는 않길 바란다. 투자의 최고 선은 수익이다. 자금의 일부를 테마주의 상승 사이클에 투자해 보자. 본인의 재테크 포트폴리오에 좋은 영향을 줄 것이다.

확신을 가지는 순간 매도하라

테마주는 새로운 것이 좋다. 2020년 내내 뜨겁게 달군 COVID-19 테마도, 앞서 언급한 초전도체 테마도 그렇다. 테마주 초창기에는 대중의 의심을 뒤로하고 주가가 급등한다.

'실체가 불확실하니 곧 떨어질 거야' 하고 생각하지만 주가는 항상 예상을 뒤엎는다. 갑자기 생긴 코로나는 금방 없어질 감기 정도로만 여겨졌지만, 전 세계적으로 빠른 감염 속도와 더불어 치료약과 백신이 없다는 소식이 전해졌고 어느새 모두가 마스크를 쓰기 시작했다. 재고가 부족해진 마스크는 1인당 구매할 수 있는 개수가 한정되었고, 이것을 사려는 사람들 또한 긴 줄을 서는 노력을 들이며 대기했다. 그렇게 마스크 테마가 떠올랐다. 이후에 손 세정제, 치료약, 백신, 주사기, 음압병실, 재택근무, 휴교에 따른 온라인 교육 등 이루 헤아릴 수 없을 만큼 많은 테마가 생겨났다. 1년 넘게 코로나 테마는 시장을 주도했다.

테마주의 속성상 초기에는 급등하지만, 대중의 관심을 받지는 못한다. 그러다 이슈가 거세지며 지속적으로 상승하면, 대중은 너무 많이 올랐으니 지켜보기만 한다. 즉 여전히 매매할 생각을 하지 못한다. 이후 테마는 성숙기에 들어가고, 일정 기간 횡보한다. 이제야 대중은 매매할 생각을 하기 시작한다. 고점 대비 어느 정도 하락했고, 그동안의 역사를 살펴보니 일리 있는 상승으로 느껴지는 것이다.

주가가 오를 때는 의심의 눈초리로 보고, 상승이 장기화될 때는 무서워서 못 들어가고, 정작 시세의 확산 후 조정을 보일 때에야 비로소 확신을 가지고 진입한다는 것이다. 왜 이런 일이 생길까? 왜 대부분의 투자자는 반대로 하는 것일까? 답은 소외감에 있다. 특히 화려하게 빛을 발하는 시세 발산의 시점에는 그 소외감이 극에 달한다. 마침 주가 급등에 관한 뉴스도 터져 나온다. 그렇게 거래량도, 시중의 관심도 최고치에 오르며 상승률 또한 높다.

그러나 의심이 확신으로 바뀌는 시점, 이 순간이 가장 위험하다. 투자자들은 흔히 "확신이 안 들어서…"라고 말하는데, 문제는 주식 자체가 확신할 수 없는 게임이라는 데 있다. 소문에 사서 뉴스에 팔라는 말도 있듯이, 긴가민가할 때 동참하고 확신이 드는 순간에 나와야 한다.

2차전지 테마주인 에코프로의 일간 차트를 보자. 전기차 대중화에 따른 2차전지 수요가 폭발할 것이라는 기대 아래 에코프로가 대장주 역할을 하며 장을 이끌었다. 하지만 이후 주가에 상응한 실적 퍼포먼스를

● 그림 2-6 에코프로 일간 차트(23.01~09)

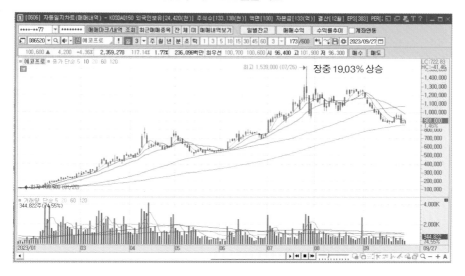

보여 주지 못하며, 주가는 내리막을 걸었다. 화려한 불꽃쇼를 보여 준 날의 일간 차트를 보자.

2023년 7월 26일, 장중에 20% 가까이 폭등하며 시가총액이 40조를 넘기도 했다. 시가총액이 큰 종목이 이렇게 급등하는 경우는 매우 드물다. 그만큼 이날은 화려했다. 이런 날에 FOMO가 가장 많이 찾아들며, 그래서 가장 위험한 날이기도 하다. 이날 진입한 투자자가 상당히 많았을 것이다.

이후 주가는 완연한 성숙기를 보이며 점차 하락했고, 5분의 1로 액면 분할한 2024년 6월, 현재는 10만 원대로 주가는 3분의 1 하락했다.

여기서 잠깐 테마주의 주기와 단계별 대중이 가지는 심리 상태를 들여다보자.

● 그림 2-7 테마의 주기와 대중의 단계별 심리 상태

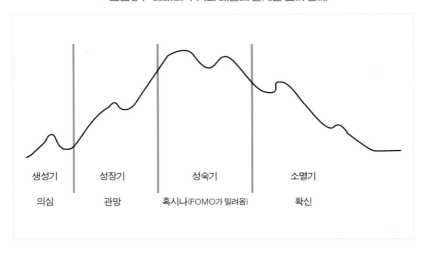

테마주는 대개 생성기, 성장기, 성숙기, 소멸기의 단계를 거친다. 작은 이슈에 의한 반짝 상승은 생성과 더불어 바로 소멸되나 큰 테마의 경우에는 이 같은 과정을 밟는다고 할 수 있다. 〈그림 2-7〉에서 보는 바와 같이 생성기, 성장기에 트레이딩을 해야 수익의 기회가 많다. 어느 정도 무르익은 성숙기, 소멸기에 참여한다면 수익 내기도 어렵고 물리기 십상임을 명심해야 한다.

문제는 성장기인지 소멸기인지 누구도 확실히 모른다는 것이다. 지나봐야 알 수 있다. 다만 방송과 언론에서 여전히 다뤄지고 있고, 아직까지 투자자들 사이에서 이슈가 되면서 주변으로 확대되고 있다면 성장의 단계라 볼 수 있을 것이다.

테마가 생성될 때 가장 먼저 급등한 종목들을 1차 테마군이라 한다

면 그 주변주로 확대되며 또 다른 관련 테마가 생성될 때를 2차 테마군이라 할 수 있다. 이후에 1, 2차 테마군 모두 시세가 한 풀 꺾이고 하락 횡보를 보인다면 성숙기의 초입이라 생각해도 좋다. 이때는 상한가보다는 장중에 급등과 급락의 형태를 보이거나 대장주가 관련주들을 확실하게 끌고 가지 못하는 상황이 펼쳐진다. 각자도생의 양상이 벌어지는 것이다. 또는 너도 나도 관련주라며 뉴스에 뜨는 종목들이 단발성 상한가에 가기도 한다.

이 기간이 지나면 테마의 주가는 횡보하거나 점차 하락세를 보이는 소멸기에 들어선다. 그러나 많은 투자자는 이것을 상승을 위한 눌림으로 여기고 확신을 가지며 장기 투자 모드에 들어간다.

새로운 테마를 알리는 신호

호재성 뉴스나 이슈로 관련주들이 한꺼번에 급등하곤 하는데, 이것이 새로 생긴 테마의 초입이라 할 수 있다. 대개 이때는 이슈에 대한 의심이 가득할 때라 대부분의 투자자는 쉽게 매수하지 못한다.

'설마…'

'아직 확실하지도 않은데…'

주가는 이들이 의심할 때 슬금슬금 오르고, 확신이 생길 때 급락한다. 투자를 해 본 경험이 없거나 테마주에 대한 개념이 없다면 이해하기 어려울 것이다. 이는 책에도 나오지 않기 때문에, 아무리 많은 책을 여러 번 읽는다 한들 트레이딩에 그다지 도움이 되지 않을 것이다. 그러니 한 번 해 보라.

2024년 6월에 있었던 석유, 가스 관련 테마(대왕고래)를 알아보자.

2024년 6월 3일 10시 3분경 '포항 앞바다에서 막대한 석유, 가스 매장 가능성'에 대한 속보가 나왔다. 천연가스는 29년간, 석유는 최대 4년간 사용할 수 있을 것으로 예상되며, 경제적 가치로는 삼성전자 시총의 5배인 2200조 원의 이른다고 추정했다.

이에 석유와 천연가스 그리고 유전 시추 관련주들이 일제히 급등하며 대장주는 물론이고 2등주까지 상한가를 기록했다. 3등주 또한 급등

● 그림 2-8 2024년 6월 3일 석유, 가스 테마
관련주들의 흐름(출처: 티마)

세를 보였다. 종목으로 이야기하면, 전통적으로 석유 관련주라 할 수 있는 한국석유가 가장 먼저 상한가에 갔고, 동양철관과 화성밸브가 뒤를 이었다. 무거운 주식인 한국가스공사도 상한가를 갔고, 대성에너지 또한 마찬가지였다.

이것이 오후 2시경 어플리케이션으로 본 석유, 가스 테마 관련주들의 흐름이다.

빨간 박스는 상한가를 터치한 시간으로, 한국석유가 10시 9분에 가장 먼저 터치

했고, 동양철관, 화성밸브, 한국가스공사가 뒤를 이었다. 이 어플리케이션은 상승률을 기준으로 배열되어 있지만, 대장주는 가장 먼저 상한가를 안착한 종목이다. 따라서 한국석유가 대장주이다.

한국석유를 매매했을 당시의 심리를 회상해 보자.

'대통령이 발표했다는 것은 웬만한 큰 건 아니면 하지 않는데 직접 했다.'
'경제적으로는 삼성전자 시총 5배 가치로 2200조가 넘는다.'
'가장 중요한 것은 시장의 반응이다.'
'테마와 종목들의 흐름을 보니 석유, 가스 배관 관련주들이 대장은 물론이고 2, 3등주까지 상한가를 가거나 급등했다.'

최종적으로 내가 내린 결론은 '베팅 기회!!'였다. 이런 결정을 내리기까지 1분이 채 걸리지 않았다. 종목들이 순간순간 급등과 급락 등 현란하게 움직이는 사이에 나는 한국석유를 대장주로 파악하고 베팅에 돌입했다. 나는 2회에 걸쳐 2만 주씩 총 4만 주를 매수했으나 몇 분 사이에 상한가를 감고 풀리기를 반복했다. 이에 나는 잠깐의 의심으로 3만 주를 매도하고, 1만 주를 홀딩했다. 이후 한국석유는 상한가를 굳건하게 지켰다.

〈그림 2-9〉는 6월 3일과 4일 한국석유의 3분 차트이다.

테마가 생성된 첫째 날인 6월 3일, 장 마감 후의 호재와 악재를 살펴보자. 먼저 호재로 판단되는 것은 장관 대신 대통령이 직접 발표했다는 것과 막대한 추정 매장량으로 진정한 산유국이 된다는 기대와 함께 뉴

● 그림 2-9 한국석유 3분 차트(24.06.03~04)

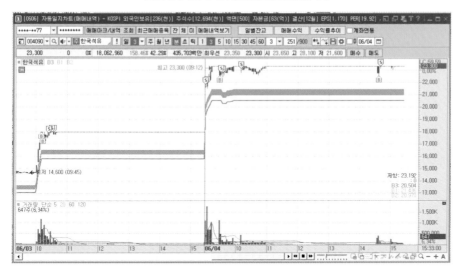

스 보도를 통해 투자자들의 관심을 증폭시켰다. 중요한 것은 이제 시작
이라는 것이다. 석유, 가스의 '매장 유무 결론'이 나기까지는 한참 시간
이 걸린다.

　다음으로 악재로 판단되는 것을 보자. 첫 번째, 야당은 1970년대 박정
희 대통령 때도 이와 같은 대국민 발표가 있었지만 실패로 귀결되었고,
오늘 발표는 윤 대통령의 낮은 지지율 회복을 위한 정치적인 쇼라고 혹
평했다. 두 번째, 물리 탐사를 실시한 액트지오에 대한 신뢰 문제가 대두
되었다. 텍사스의 작은 가정집이 본사라고, 사진을 통해 온라인상과 방
송에서 보도되며 투자자들의 마음을 흔들었다. 직원 또한 1인 기업이니
10명 내외이니 하며 전문성에 대한 의혹을 키웠다.

● 그림 2-10 2024년 6월 4일 매매 결과

일자	구분	종목명	수량	매입가	매도체결가	실현손익	수익률	수수
2024/06/04	현금	한국석유	218	17,740	21,850	886,118	22.91	1,2
2024/06/04	현금	한국석유	22	17,740	21,850	89,435	22.92	1
2024/06/04	현금	한국석유	90	17,740	21,850	365,842	22.91	5
2024/06/04	현금	한국석유	53	17,740	21,850	215,436	22.91	3
2024/06/04	현금	한국석유	21	17,740	21,850	85,375	22.92	1
2024/06/04	현금	한국석유	5	17,740	21,850	20,335	22.93	
2024/06/04	현금	한국석유	10	17,740	21,850	40,658	22.92	
2024/06/04	현금	한국석유	460	17,740	21,850	1,869,789	22.91	2,7
2024/06/04	현금	한국석유	14	17,740	21,850	56,921	22.92	

나는 다음 날인 6월 4일에 대장주인 한국석유를 매매했다. 〈그림 2-10〉은 그에 대한 결과이다.

다음 날 테마주들에 대한 시장 반응은 〈그림 2-11〉과 같았다. 석유, 가스 관련주들은 여전히 강세를 보였고, 한국석유는 2연상을, 동양철관은 점상을 가며 테마의 대장주로 우뚝 섰다.

석유, 가스가 매장되어 있는지 알 수 있는 방법은 오직 시추를 해 보는 수밖에 없다. 즉 실제 매장 유무와 관계없이 시추를 진행한다는 것이다. 직접적인 관련주라 할 수 있는 한국석유/흥구석유/한국가스공사/대성에너지 등의 석유, 가스 관련주보다는 동양철관/화성밸브/넥스틸 등의 배관, 철강 관련주와 시추에 투입되는 기계장비 등의 테마가 움직일 가능성이 크다고 할 수 있다.

● 그림 2-11 2024년 6월 4일 관련주 상황(출처: 티마)

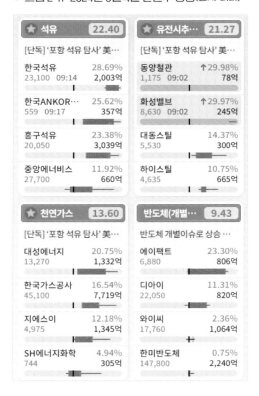

★ 석유	22.40
[단독] '포항 석유 탐사' 美…	
한국석유	28.69%
23,100 09:14	2,003억
한국ANKOR…	25.62%
559 09:17	357억
흥구석유	23.38%
20,050	3,039억
중앙에너비스	11.92%
27,700	660억

★ 유전시추…	21.27
[단독] '포항 석유 탐사' 美…	
동양철관	↑29.98%
1,175 09:02	78억
화성밸브	↑29.97%
8,630 09:02	245억
대동스틸	14.37%
5,530	300억
하이스틸	10.75%
4,635	665억

★ 천연가스	13.60
[단독] '포항 석유 탐사' 美…	
대성에너지	20.75%
13,270	1,332억
한국가스공사	16.54%
45,100	7,719억
지에스이	12.18%
4,975	1,345억
SH에너지화학	4.94%
744	305억

반도체(개별…	9.43
반도체 개별이슈로 상승 …	
에이팩트	23.30%
6,880	806억
디아이	11.31%
22,050	820억
와이씨	2.36%
17,760	1,064억
한미반도체	0.75%
147,800	2,240억

사실 한국석유의 경우 아스팔트 등의 건설자재를 생산하는 회사임에도 종목명에 석유가 들어 있어 그동안 석유 관련주 대장 역할을 해 왔을 뿐이다.

집필하는 현재 '대왕 고래' 테마는 생성기인 것은 분명하나 바로 소멸의 단계로 갈지 성장과 성숙의 단계를 밟을 것인지는 아무도 모른다. 하지만 이슈가 계속되고 시장의 돈이 그곳으로 집중된다면 나는 계속 거기에 있을 것이다.

2024년 올해 말에 시추가 시작되고 2025년에나 결과가 나오기 때문에 테마의 주기대로 간다면 상당한 트레이딩 기회를 줄 것이다. 이때 수많은 뉴스와 정보 등이 활개를 치며 의심과 소외감이 투자자들의 마음을 흔들 것이다. 하지만 주가는 언제 어디까지 갈지 모르고 언제 꺾일지 알 수 없기에 트레이더는 항상 대비해야 한다. 이것이 투자자의 숙명이자 자신의 예수금을 지키는 필수 요소이다.

한 가지만 보고 가면 된다. 시장이 테마를 인정하느냐, 인정하지 않느냐. 주가는 이 문제의 방향을 타고 시장의 관심을 받으며 커 간다.

이 책이 출간될 즈음 석유, 가스 테마(대왕고래)는 어디쯤에 있을지 모르겠지만, 나중에 기회가 된다면 온라인상에서 독자들과 만나 이것에 대해 토의하면 좋겠다.

매매의 기술을 익히는
가장 빠른 방법

INVESTING VS. TRADING

지금까지 테마가 만들어지는 과정, 속성, 테마주를 대하는 마음가짐, 주기별 매매 전략과 왜 종목에 물리는지 등에 대해 알아보았다. 다시 한 번 강조하지만, 테마주는 위험하다는 세간의 통념을 뒤집어야 한다. 원래 거부감은 나로부터 생긴 것이 아니라 주변의 가스라이팅에 의해 생겨나기 때문이다.

'대왕 고래' 테마 생성 이틀째 되던 날 뉴스 기사의 한 토막이다.

증권가에서는 석유 개발 성공 여부가 불확실한 만큼 섣불리 판단하고 투자하는 것을 경계할 필요가 있다고 본다. 000 XX증권 연구원은 '석유 시추 계획은 향후 추가적으로 기대감을 높일 수 있겠으나 조금은 이른 시점'이라며 '천해가 아닌 심해이기 때문에 비용 집행이 상당한 수준으로 이뤄질 수 있는데 생산 단가는 시추 횟수 및 비용 등에 따라 달라질 것'라고 분석했다.

결국은 확실해질 때까지 하지 말라는 것이다.

하지만 관련주는 이미 2연속, 3연속 상한가를 기록하고 있었다. 앞서 주식은 불확실할 때 투자하고 확실시될 때 매도한다고 했다. 주가의 상승 동력은 대개 기대감으로부터 시작한다. 석유 개발이 확실시되는 날이 언제일까? 2024년 말에 시추 작업을 시작하고 2025년에 결과가 나온다고 하는데, 상업화는 또 몇 년이 걸릴 것인가? 언제 투자하라는 것인가?

이런 기사는 투자자들로 하여금 테마주 투자를 꺼리게 한다. 고수들은 이런 기사는 코웃음 치며 넘겨 버리고 읽지도 않는다. 오히려 시장의 반응, 즉 돈이 몰리면서 시세의 연속성이 있는지 여부를 더 주시한다.

투자자는 그것의 신빙성이 있을 때 매수하지만 트레이더는 가능성과 이슈가 불거졌을 때 진입한다. 이것이 투자자와 트레이더의 차이다. 그것이 결론 났을 즈음에는 주가는 이미 상당히 올라 있을 것이고, 그때 매수에 들어간다면 이미 주가에 선반영되어 있기 때문에 자칫하면 물릴 수 있다.

매매의 기술은 파동이 있는 테마주를 트레이딩하면 빠르게 익힐 수 있다. 처음에는 주가의 급등락에 힘들어 할 테고, 깡통을 찰 수도 있다. 그래서 배우고 익힐 때는 반드시 소액으로 연습해야 한다.

소액으로 꾸준히 연습한다면 주가의 흐름에 대한 이해와 더불어 테마주를 매매하는 기술이 점점 능숙해질 것이다. 깡통의 횟수도 줄어들며 어느 순간 손실보다는 수익이 쌓이기 시작할 것이다. 거기서 월에 1000만 원의 가능성을 이미 절반은 채운 것이다. 즉 수익 내는 모델을 찾아냈다는 의미이다.

주가의 고점 징후

주식 투자를 할 때 가장 견디기 힘든 것이 있다. 수익을 자랑하는 SNS나 커뮤니티 글을 봤을 때다. 이럴 때 대부분의 투자자에게는 '나만 돈을 못 벌고 있나?' 하며 자책과 소외감이 찾아온다. 다른 주식은 올라가는데 자신의 주식만 제자리이거나 바닥에서 기고 있는 것을 볼 때의 소외감이다. 이는 어쩌면 손절보다 더 아프다.

이 소외감이 장기화되면 FOMO는 극에 달하게 되고, 그제야 시장의 뜨거운 종목들을 매수하는 경우가 많다. 대중은 물론 경험이 오래된 투자자들도 인지하지 못하는 매우 위험한 시기이다. 이성적으로는 투자의 시기를 놓친 것을 인정하고 있는데, '더 오를 거야'라는 희망과 욕심이 눈을 가리고 판단을 흐리게 한다.

여기에 불을 더 지피는 것은 주변에서 들려오는 '수익 인증'이다. 에코

● 그림 2-12 에코프로 인증 사진 - 1

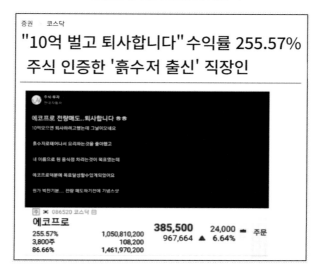

● 그림 2-13 에코프로 인증 사진 - 2

프로의 예를 들어 보자. 하루가 멀다 하고 급등할 당시 에코프로 수익 인증 사진이 온라인상에서 화제가 되었다.

에코프로 인증 사진을 첨부하자 너도 나도 하기 시작했고, 급기야 2,000%의 수익을 올렸다는 투자자도 나타났다. 한 카페에 2억 3000만 원을 투자해서 2년 만에 46억을 벌었다는 글을 올린 것이다. 모 증권사 리포트에 에코프로 sell 의견이 나오자 한때 급락하기도 했으나 그것을 다시 넘어서고 결국 사상 최고가까지 갈아치웠다. 실적 퍼포먼스는 저조했으나 주가는 아랑곳하지 않고 상승세를 이어 갔다. 이때 투자자들은 투자를 해야겠다는 확신의 단계에 이르렀다. 그 후 얼마 안 가 에코프로는 화려한 피날레와 함께 내리막길을 걸었다는 것을 독자 여러분도 익히 알 것이다.

미국 주식이라고 해서 다를 건 없다. 최근에 미국 주식 엔비디아의 수익 인증이 올라왔다. 일본의 한 투자자가 올렸는데 10년 전에 5달러대에서 거래되던 엔비디아를 2,156주 매수했다고 한다. 이를 환산하면 약 1600만 원이었다. 인증했을 당시 주가는 942달러에 거래되었고, 총평가액은 28억 원이었다. 2024년 6월 현재 1,200달러 선에서 거래되고 있는데 팔지 않았다면 몇 달 만에 약 7억을 더 벌었을 것이다.

우리나라에서도 이미 인증 사진이 하나둘 올라오고 있다. 나는 이를 고점 징후이자 매도 신호로 본다. 아무리 좋은 주식이라도 조정의 시간은 오기 마련이고, 주가의 고점은 아무도 모른다. 물론 예시를 든 엔비디아는 2024년 10월에도 오르며 140달러 선에서 거래되고 있지만 무리한 욕심을 가져서는 안 된다. 매도할 줄 알아야, 즉 수익을 실현할 줄 알아야 하고 더 높은 가격에도 매수할 줄 알아야 계좌를 살찌울 수 있다.

늦었다고 생각할 때가 가장 빠르다는 말이 있다. 주식 투자에서도 통용될지는 모르겠지만 이것 하나만은 투자 원칙에 새겨 두자. 본인의 마음 깊은 곳에서 주가에 대한 의심이 50% 이상이고, '너무 많이 오른 거 아냐?' 하며 두려움이 앞설 때는 매수해도 된다.

반면 남들의 인증 사진이 올라오고, FOMO가 밀려오며, 확신이 50% 이상 들 때는 철저히 멀리해야 한다. 결국 주식은 심리 싸움이다. 욕심에 지면 안 된다.

강조하지만 대부분의 투자자가 실패하는 이유는 이러한 심리 상태에서 진입하기 때문이다. 다시 돌아와 엔비디아를 대하는 여러분 스스로의 마음을 진단해 보자. '너무 많이 오른 거 아냐?', '지금이라도 살까?' 여러분은 무슨 생각을 하고 있는가? 테마주는 두 말할 필요가 없다. 실체가 불명확한 테마주의 끝은 제자리로 돌아가는 것이다. 생성기와 성장기에 진입해야 수익을 극대화할 수 있지, 고점에서 시세의 폭발을 보일 때나 조정받고 횡보 중인 성숙기와 소멸기에 들어가는 것은 손실을 보기 위해 투자하는 것과 같다.

FOMO

고립공포감FOMO, fear of missing out은 본래 마케팅 용어였으나, 사회병리 현상을 설명하기 위한 심리학 용어로도 사용된다. FOMO는 놓치거나 제외되는 것에 대한 두려움 또는 자신이 해 보지 못한 가치 있는 경험을 다른 사람이 실제로 하고 있는 것 혹은 정확히 확인되지 않았지만 그렇게 보이는 상황에 대한 막연한 불안감에 대해 묘사할 때 주로 사용된다. 이는 수익성 있는 투자나 만족스러운 사건 등에 참가할 수 있는 기회를 놓칠 수 있다는 강박적인 우려로 이어진다.

테마주는 테마주답게 진입 타이밍과 엑시트의 판단에 조금의 주저함이 없어야 한다.

룰은 공평하다

투자에 입문하기 전 대부분 이와 같은 생각을 한다.

'조금만 공부하면 되겠지.'

특히 대기업에 다니는 사람은 머리가 좋아서든 공부를 잘해서든 좋은 대학을 나왔고 버젓한 회사에 다니고 있으니 더욱 이런 생각에 젖어들기 쉽다. 하지만 안타깝게도 이런 생각은 투자를 하기도 전에 가장 큰 실수를 가장 먼저 한 것이라 할 수 있다. 이는 주식 투자를 분석해야 하는 대상 또는 학문으로 여기고 접근하는 것이기 때문이다.

투자는 수익을 내기 위한 기술적인 행동이지, 원리를 파악하고 해답을 찾는 과정이 아니다. 장기 투자, 가치 투자를 지향하는 투자자들은 이 말에 공감하지 못할 것이다. 그러나 한 번 생각해 보자. 개인이 기업의 미래를 어찌 예측하고 가치를 산출한단 말인가? 다만 이 책은 단기 투자를 다루기 때문에 장기 투자에 대해서는 여기까지만 언급하고자 한다. 앞서도 말했듯이 난 장기 투자자를 존중한다.

기관 및 외국인 투자자와 개인들이 가지는 정보의 차이는 극복하기 힘들지만, 주식 투자만큼은 다른 어떤 경기보다 룰이 공평하다고 생각한다. 머리가 좋든 나쁘든, 대학을 나왔든 못 나왔든, 주식을 잘하는 것과는 무관하다. 물론 자금의 차이는 있을 수 있다. 하지만 처음부터 큰 자금을 투입한다고 해서 많이 벌고, 적다고 해서 미래에도 수익이 적다고 할 수 없다. 오히려 많은 돈으로 시작하면 그것만큼 위험한 행동도 없다.

성공의 첫 번째 단계는 현실을 인정하고 거기에 순응하는 것이다. 시장에서 뒹굴며 메커니즘을 이해하고 거기에 수긍하면, 주식시장에서 살아남는 것은 물론이고 경제적 자유 또한 얻을 수 있다. 즉 수많은 보조지표와 경제 지표로만 분석하지 말고, 그것과 실전에서의 주가 흐름을 통해 투자의 기술을 연마하라는 것이다. 그럴 때 우리나라 주식은 물론이고, 해외 주식에도 투자하며 훌륭히 수익을 쌓아 나갈 수 있다.

이때 본인의 잘남을 철저히 배제하고 시장에 늘 겸손해야만 한다. 조금의 자만심은 일을 그르치게 한다.

지금까지 여러 사례를 통해 매매 방식과 마인드, 상황별 대응 방법 등을 이야기했다. 책 한 권으로 트레이딩의 메커니즘을 어찌 이해하고, 실전에 얼마나 적용시키겠는가! 그러나 언급한 것들을 여러 번 읽고 이해하려 애쓴다면 그리고 실전에 조금씩 적용해 본다면, 이론과 실전의 차이를 스스로 느끼면서 성장할 수 있을 것이다.

월 천 프로젝트 5개년 계획

투자자들에게 단호하게 하고 싶은 말이 있다. 이 책을 접한 후 5년 안에 월에 1000만 원 수익을 올리지 못한다면 주식을 그만두었으면 한다. 안 되는 것에 인생을 낭비할 필요는 없다. 삶은 한 번뿐이고, 주식만이 돈 버는 유일한 길은 아니다.

요즘 영 리치라 할 수 있는 억대의 수익을 내는 트레이더가 양산되고 있다. 예전에 비해 강의 시스템이 많이 발전했고, 그 질 또한 좋아졌기 때문일 것이다.

나 역시 몇 년 전, 월 천 트레이더가 많지 않았던 때에 강의를 했는데 그것을 수강한 후 많은 월 억 트레이더가 생겨났다. 나의 역량이 아니고 내 강의를 들은 수강생들이 시장을 이해하고 뜨거운 종목에서 싸운 덕분이다. 나는 단지 이길 수 있는 방법을 제시했을 뿐이다.

나는 매매 사례를 통해 왜 이 종목을 매매했고, 어떻게 시장을 대해야 하며, 어떤 마인드를 가져야 하고, 위기에는 어떻게 대응해야 하는지에 대해 말했다. 또 그들에게 '왜?'에 방점을 두고 생각하는 법을 키우라고 강조했다.

주식은 마라톤과 같다. 평생 할 수 있으니 너무 서두르지 않았으면 한다. 급하면 지는 것이 주식이다. 어떠한 강의나 이론으로 주식을 공부한다고 해서 바로 수익을 내기란 쉽지 않다. 투자를 시작했으면 주변에서 들려오는 매매법, 광고성 수익률에 속지 말아야 한다. 그런 것에 현혹되어 투자를 망치는 경우를 허다하게 봐 왔다. 이 배경에는 쉽게 이루려는 욕심이 있을 것이다.

그냥 얻어지는 것은 없다. 스스로 경험을 하고 물고기를 잡는 방법을 터득하고자 끊임없이 노력하고 시도해 봐야 한다. 그래야 롱런할 수 있는 곳이 주식시장이다.

〈그림 2-14〉는 월에 1000만 원을 버는 과정에서 우리가 겪어야 할 그리고 해야만 할 것들을 정리했다. 기본기와 내공이 단단한 투자자가 되고자 한다면 이와 같은 체계적인 과정을 거쳤으면 한다.

5개년 계획이라 했지만 본인 노력 여하, 이해도, 비중 조절 능력에 따라 시기가 훨씬 앞당겨질 수 있다. 여기서 중요한 점은 각 단계 및 연차마다 수익과 손실을 지켜야 한다는 것이다. 시간이 흐를수록 베팅 금액이 많아지기 때문에 그만큼 감내할 수 있는 범위도 커진다. 그 과정에서

● 그림 2-14 월 천 프로젝트 5개년 계획

구분		실전 내용	목표 수준
1 단계	1년 차	1. 주식 용어, 기본적인 차트, 어렵지 않은 보조 지표 익히기	- 10만 원으로 10번 이상 깡통 차라
		2. 테마주 이해, 대장주 찾기	
		3. 많은 매매 하기, 10만 원으로 대장주 매매하기 - 이때 손익에 연연하지 말자	
		4. 장 마감 후 복기 및 관심 종목 정리하기	
2 단계	2년 차	1. 테마주 이해, 대장주 찾기	- 1단계를 거쳤다면 웬만해선 깡통 차지 않을 시기
		2. 개별 이슈 종목 매매하기	
		3. 예수금 100만 원으로 매매하기	- 많이 매매하고 비중 베팅 연습
	3년 차	4. 장 마감 후 관심 종목 정리 및 매매 시나리오 완성	
3 단계	4년 차	1. 테마주 이해, 대장주 찾기, 개별 이슈 종목 매매하기	- 하루 평균 100~300만 원의 수익과 손실이 일어나는 시기 - 리스크 관리
		2. 예수금이 쌓이는 경험하기	
		3. 잦은 매매 피하고 대장주만 매매하기	
	5년 차	1. 테마주 이해, 대장주 찾기, 개별 이슈 종목 매매하기	
		2. 잦은 매매 피하고 오전장 집중하기	
		3. 베팅 전 최악에 대비하기 - 5년 차는 이미 예수금도 많이 불어났을 것이고, 이에 따라 순간의 판단 미스로 큰 손실을 입을 수 있다. 따라서 감당할 수 있을 만큼의 손실을 예상하고 종목에 베팅해야 한다.	

비중 조절을 자신도 모르게 배울 것이다.

 아무리 아는 것이 많고 실력이 뛰어나도 소심해서 베팅하지 못한다면 평생 그 자리에 머물 수밖에 없다. 물론 손실이 나지 않는 것은 좋다. 그렇지만 손실의 경험이 있어야 복구하는 법도 익힐 수 있고, 한 단계 더

Chapter 2 월 천 트레이더가 되는 법 95

레벨 업도 할 수 있다.

　억대 트레이더가 되기 위한 첫 번째 과정이 월 천을 이루는 것이라 했을 때, 높은 허들처럼 느껴질 수 있지만 이루지 못할 정도로 어려운 것도 아니다. 착실히, 꾸준히, 담대하게 해야 한다. 그러면 월 천을 넘어 월 억도 더 이상 남의 얘기가 아닐 것이다.

빅 트레이더를 향하여

세월은 말 그대로 유수와 같군요. 주식한 지도 어느덧 20년이 훌쩍 넘었습니다. 입문할 적 수익을 조금 냈다고 동료들한테 술 한 잔 사기도 하고, 그 후에 자금을 더 넣었다가 손실을 보기도 하고, 본격적으로 시작하고 나서는 한 번의 깡통을 차기도 했습니다. 이때는 오히려 계좌에 마이너스가 찍히더군요. 하늘이 노래진다는 표현이 있는데 그날은 정말 그랬습니다. 이 심정은 당해 본 사람만이 이해할 듯합니다.

앞서 언급한 바와 같이 한동안 빚을 갚느라 대리운전을 하는 등 이 일 저 일 하면서 2년 동안 고통의 나날을 보냈습니다. 빚을 모두 청산하고, 잃어버린 1억을 찾을 곳은 주식시장밖에 없다는 생각에 다시 시작했고, 그 돈을 복구하기까지 정확히 기억나진 않지만 2년 조금 넘게 걸린 듯하네요. 그러니까 본격적으로 시작하고 깡통당하고 다시 1억 수익을 만들기까지 총 6년 정도 소요된 것 같습니다.

이후에도 여러 곡절이 있었지만 나름 순탄하게 보냈습니다. 본격적으로 전업하면서 배우고 느낀 것은 주식시장은 자만한 사람에게 벌을 내린다는 것입니다. 즉 시장에는 항상 겸손한 태도로, 조금 안다고 절대 교만하지 말며, 매사에 관찰하며 배우는 자세로 임해야 합니다. 방심은 절대 금물입니다. 그리고 시장에 늘 감사해야 합니다. 모든 수익과 손실은 시장이 주기 때문이지요.

저는 입문할 때부터 거래량이 많고 시장의 이슈를 받는 종목들을 매매했습니다. 이제 막 걸음마를 뗀 초보 투자자가 기라성 같은 선배들과 겨룬다고 했을 때 승패는 불 보듯 뻔하지요. 그러나 그렇게 했기 때문에 깡통을 차고도 일어설 수 있었습니다. 거래량이 많고 시장의 이슈를 받는 종목에서 놀아 본 경험은 그만큼 귀합니다. 그 경험을 통해 일봉상 우상향이며 거래량이 많고 이슈가 있는 종목들, 특히 테마주가 시장을 이끌 때는 대장주 위주의 과감한 참여가 성공의 지름길이라는 것을 안 것이죠.

어떤 사람들은 거래 대금이 많고 급등한 종목들은 기피하고, 이동평균선 아래에서 지지부진하게 움직이는 소외주를 매매합니다. 이렇게 투자해도 수익이 날 수 있습니다. 어쩌면 안전한 선택지라 여길지도 모르지요. 그러나 수익의 규모는 크지 않습니다. 무엇보다 트레이딩 실력이 늘지 않으니 가장 큰 문제겠지요. 주식을 시작한 지 2, 3년 되었는데 여전히 수익 모델에 대한 틀이 만들어지지 않았다면, 스스로를 한 번 되돌아볼 필요가 있습니다. 때로는 과감하게 자신의 매매법을 바꿔 볼 필요도 있습니다. 아무리 해도 발전이 없다면 혹시 첫 단추가 잘못 끼워져 있는 건 아닌지 점검해 봐야 한다는 것이지요.

2017년은 월 1억을 넘어 빅 트레이더의 가능성을 본 해입니다. 그해 후반기에는 매월 억대의 수익을 낸 것으로 기억합니다. 당시의 매매일지를 보겠습니다.

2017년 10월 2억 9000만 원 수익, 11월 첫날 매매일지

요즘 코스피 지수 신고가 행진, 오늘도 1% 넘게 상승. 겁나게 오른다.

● 그림 2-15　2017년 10월 매매 결과

기간	투자이익	입금고	출금고	배당금	예탁금이자	수수료	세금	보존입금액
2017/10/31	52,229,764	0	5,000,000	0	0	517,120	5,476,152	0
2017/10/30	-11,776,183	0	20,000,000	0	0	494,310	5,357,228	0
2017/10/29	0	0	0	0	0	0	0	0
2017/10/28	0	0	0	0	0	0	0	0
2017/10/27	14,135,428	0	0	0	0	537,250	6,017,057	0
2017/10/26	15,780,348	0	0	0	0	326,570	3,099,571	0
2017/10/25	4,543,059	0	0	0	0	298,460	3,549,174	0
2017/10/24	4,786,526	0	0	0	0	395,790	5,191,764	0
2017/10/23	24,751,830	0	0	0	0	337,030	3,525,838	0
2017/10/22	0	0	0	0	0	0	0	0
2017/10/21	0	0	0	0	0	0	0	0
2017/10/20	5,321,378	0	5,000,000	0	0	195,970	1,816,586	0
2017/10/19	25,449,692	0	0	0	0	142,910	1,354,446	0
2017/10/18	-422,153	43,186	0	0	0	91,110	930,590	0
2017/10/17	10,558,247	0	0	0	0	390,190	4,014,325	0
2017/10/16	31,990,596	0	0	0	0	212,210	2,404,725	0
2017/10/15	0	0	0	0	0	0	0	0
2017/10/14	0	0	0	0	0	0	0	0
2017/10/13	41,549,012	0	25,000,000	0	0	102,320	926,722	0
2017/10/12	26,016,630	0	0	0	0	59,480	679,229	0
2017/10/11	8,956,982	0	0	0	0	144,450	1,576,751	0
2017/10/10	38,484,076	0	5,000,000	0	0	118,650	1,266,537	0
2017/10/09	0	0	0	0	0	0	0	0
2017/10/08	0	0	0	0	0	0	0	0
2017/10/07	0	0	0	0	0	0	0	0

어제 들고 온 셀트리온. 아침 일찍 전량 매도.

다른 종목 신경 쓰느라 너무 일찍 매도한 게 흠이지만, 애초에 오버 나이트 후 오전장에 매도할 계획이었기 때문에 오늘 무조건 2% 정도에서 정리한다고 생각하고 매도 처리. 500만 원 수익.

앱클론. 오늘 시가부터 갭 하락 출발. 반등은 줄 것이라 생각하고 56,000원 부근까지 급락할 때 계속 분할 매수. 이후 반등할 때 적당히 분할 매도. 이후 의미 없는 소량 매매. 900만 원 수익.

롯데지주우. 어제 일부 가져온 물량을 시가부터 매도했는데, 호가 차이가 너무 커서 수익 극대화 면에서는 별로. 이후 떨어질 때 보합 부근과 이하에서 추가 매수. 이놈 참 지루하다. 거래량이 많지 않아 물량도 못 싣고 기대만큼 수익도 못 내고 마무리. 1400만 원 수익.

매매일지 끝.

인생을 바꿀 수 있는 절호의 기회를 포착하라

코로나 시국과 양적 완화에 힘입어 전 세계적으로 주가 지수가 급등했습니다. 우리나라도 예외는 아니었죠. 당시 코로나 백신 관련 바이오주가 특히 활황세의 주역으로 떠올랐는데요. 일부 종목은 1년 사이에 20배 이상 초급등하기도 했습니다.

불과 몇 년이 채 지나지 않았지만 현재 주가를 보면 새롭기 그지없습니다. 언제 그랬나 싶을 만큼 많이 떨어져 있기 때문이지요. "테마주는 건들 게 못 된다"는 말이 괜히 있는 게 아닌 것만 같습니다.

그런데 정말 건들면 안 될까요? 저는 생각이 다릅니다. 그리고 테마주에 물리는 이유는 테마주의 생성과 성장기에, 즉 상승 초입에 매수하지 않고, 시세를 모두 발산한 이후에 매수하기 때문입니다.

당시 코로나 치료제로 많은 기대를 받은 신풍제약의 주간 차트를 보겠습니다. 신풍제약은 피라맥스에 대한 이슈로 급등했죠.

말라리아 치료제를 생산하는 신풍제약의 피라맥스가 코로나 치료에도 효과가 있다는 점이 부각되며 차트의 'A' 지점에서 종목에 대한 관심이 커졌습니다. 이에 7,000~8,000원에 머물던 주가는 상한가를 치며 단숨에 1만 원대로 올라섰고, 'B' 지점에서 보이듯이 6개월 만에 21만 원을 넘겼습니다.

주가를 움직이는 동력은 이슈와 모멘텀에 있습니다. 코로나라는 감염병이 이

● 그림 2-16 신풍제약 주간 차트(2019~2023)

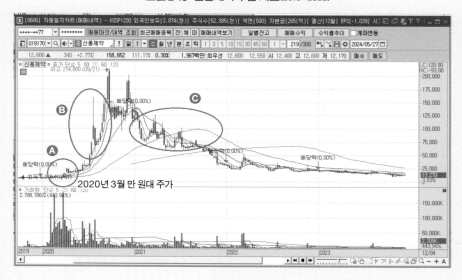

슈라면 효과를 입증하는 임상이 모멘텀이라고 할 수 있습니다. 신풍제약은 임상 3상까지 갔지만, 유효성을 확인하는 데는 실패하고 주가를 초기 상태로 되돌렸습니다.

여기서 우리가 알 수 있는 것은 무엇일까요? 글로벌 임상 3상 결과가 나오기까지 주가가 20배 오르는 동안 확실한 것은 하나도 없었습니다. 이 점을 간과해서는 안 됩니다. 다시 말해서 임상 3상이 끝날 때까지 주가는 계속 상승과 하락을 반복하며 급등세를 보였다는 뜻입니다.

주가의 정답은 시장만이 알고 있습니다. 시장이 맞다고 하면 맞는 것이지요. 주가가 상한가를 갔다면 이유가 무엇이든 간에 본인이 틀린 것입니다. 시장에 거스르지 말아야 합니다.

제 지인 중에는 확실한 결과가 나올 때까지 투자하지 않는 사람도 있었습니다. 그러나 그사이 주가는 올라갔고, 결과적으로 임상 3상이 실패하며 주가는 제자리로 돌아왔습니다. 이 투자자는 잘한 걸까요, 못한 걸까요?

결과야 어떻든 간에 주가 상승기에 시장이 옳다고 시그널을 꾸준히 주었음에도 불구하고 본인의 고집과 의심이 투자를 실패하게 만들었습니다. 이들은 시세의 정점에서 '임상 3상에 대한 보완을 하여 다시 시도하겠다'는 뉴스에 자신만의 분석을 곁들여 희망 쪽으로 기운 결론을 내립니다. 그리고 과거의 화려했던 주가를 생각하며 반토막 이상 크게 조정받은 'C' 구간에서 매수합니다. 상승기에 매수하지 않았다면 끝까지 매수하지 말아야 합니다.

〈그림 2-17〉은 제가 코로나 시국에 거둔 매매 수익입니다.

2020년에서 2021년 사이 단타 매매와 기타 주식 투자로 50억에 가까운 수익을 냈습니다. 당시 몇 개의 계좌를 운용했는데 그중 하나는 1억을 입금하고 거래를 했고, 기간 중 최고 2,500%의 수익률을 기록하기도 했지요. 대부분 주도주, 주요 테마주 트레이딩으로 이룬 성과라 할 수 있습니다.

몇 년에 한 번씩 큰 테마가 찾아옵니다. 계좌에 상당한 퍼포먼스를 보여 줄 수 있는 이런 시기를 놓치지 않기 위해서는 평소에 트레이딩 기술을 꾸준히 익혀야만 하는 것은 당연합니다. 매수 타점, 매도 타점을 찾는 기법 공부 혹은 차트를 외우거나 공식을 만드는 공부는 수익을 내는 데 있어서 창의적인 발상을 저

● 그림 2-17 1억이 1년 만에 21억이 되다

[0393] 계좌수익률현황 - 월별계좌수익률현황											

기간별계좌수익률현황 | 일별계좌수익률현황 | **월별계좌수익률현황** | 연도별계좌수익률현황 | 주식종목별월수익률현황 | 금현물일별수익률현황 | 금현물월별수익률현황

계좌번호 ****-**87 ▼ 더트레이딩 비밀번호 ***** 조회월 2019/11 ~ 2020/12 수익률안내 수익률 비교차트 조회 다음 ▲

* 2004.07부터 조회 가능합니다. * 법인계좌는 조회되지 않습니다.(추후 제공 예정) * 누적손익: 2004.07 - 월손익합
* 유가증권평가금: 일반유가증권평가금(예탁담보포함) + 신용융자평가금 - 신용대주평가금
* 월 손 익: 월말 유가증권평가금-전월말 유가증권평가금 + 매도금 - 매수금 - 수수료 - 세금 + 출금금 - 입고금 - 이자금액 + 권리락 보정금

매수합계		418,092,228,417	입금합계		100,000,000	입고합계		0	수수료+세금 합계		1,158,558,586
매도합계		418,643,447,271	출금합계		15,000,000	출고합계		0	연체/신용이자 합계		5,026,719

월	월말예탁자산	유가증권평가금 월말현금잔고	매수금 매도금	입금 입고	출금 출고	수수료+세금 연체/신용이자	투자평잔	손익	수익률 (%)	누적손익 (손익합계)	배당금
2020/12	2,255,794,482	2,782,150,000 -526,355,518	81,462,736,610 80,621,378,770	0 0	0 0	218,419,989 0	1,640,412,531	615,372,171	37.51	2,169,783,549	0
2020/11	1,640,412,531	1,107,000,000 533,412,531	35,745,885,910 35,172,439,756	0 0	0 0	95,983,342 0	1,395,092,027	245,320,504	17.58	1,554,411,378	0
2020/10	1,395,092,027	192,250,000 1,202,842,027	31,449,017,067 31,636,272,690	0 0	0 0	86,252,772 0	1,315,946,945	78,877,851	5.99	1,309,090,874	0
2020/09	1,315,946,945	214,375,000 1,101,571,945	41,359,299,840 41,809,393,595	0 0	0 0	115,800,842 20,648	1,082,799,680	233,147,265	21.53	1,230,213,023	0
2020/08	1,082,799,680	315,500,000 767,299,680	55,638,208,260 55,835,684,865	0 0	0 0	156,305,932 532,853	1,003,761,860	79,037,820	7.87	997,065,758	0
2020/07	1,003,761,860	277,100,000 726,661,860	40,545,668,370 42,450,675,465	0 0	0 0	118,572,348 284,944	615,401,156	388,249,803	63.09	918,027,938	126,900
2020/06	615,401,156	1,675,000,000 -1,059,598,844	45,124,290,340 43,843,711,850	0 0	0 0	122,948,992 439,027	683,367,665	-67,966,509	-9.95	529,778,135	0
2020/05	683,367,665	339,000,000 344,367,665	16,190,908,470 16,213,060,290	0 0	0 0	45,151,685 150,261	510,917,791	172,449,874	33.75	597,744,644	0
2020/04	510,917,791	53,400,000 457,517,791	22,908,739,735 23,346,580,520	0 0	0 0	65,300,844 650,380	334,476,442	176,164,561	52.67	425,294,770	190,350
2020/03	334,476,442	249,125,000 85,351,442	21,659,436,720 21,882,094,745	0 0	0 0	61,233,293 713,786	152,113,448	182,360,946	119.88	249,130,209	0
2020/02	152,113,448	227,475,000 -75,361,552	24,866,343,890 24,942,766,940	0 0	0 0	69,822,256 809,021	118,599,103	33,266,733	28.05	66,769,263	0
2020/01	118,599,103	200,000,000 93,439,242	298,042,580 301,089,245	0 0	15,000,000 0	842,322 878,796	88,620,544	44,408,557	50.11	33,502,530	0
2019/12	89,104,415	156,866,990 87,133,550	466,000,625 493,430,840	0 0	0 0	1,377,392 504,051	99,028,211	-9,934,238	-10.03	-10,906,027	0
2019/11	99,028,211	192,350,000 103,753,211	377,650,000 184,917,740	100,000,000 0	0 0	546,577 42,952	37,931,034	-971,789	-2.56	-971,789	0

조회 완료되었습니다.

해할 뿐만 아니라 주식은 생물처럼 수시로 변하기 때문에 적절한 대응을 하는데 있어서 방해만 될 뿐입니다. 필자가 본문에 옮긴 투자 기법 또한 큰 틀의 정형화라 생각하고 'about'의 관점에서 대응해야 한다는 점을 독자 여러분이 꼭 인지하면 좋겠습니다.

2020년 코로나 테마가 그랬듯 인생을 바꿀 수 있는 절호의 기회는 반드시 잡아야 합니다. 2024년 6월 현재 '대왕 고래' 프로젝트로 인해 석유, 가스 테마가

막 붙기 시작했습니다. 이것이 언제까지 갈지는 아무도 모릅니다. 2024년 연말 혹은 그다음 해일지도 모릅니다. 또는 우리가 전혀 상상하지 못하는 것에서 시작될 수도 있고 '금융투자소득세'의 유예나 폐지 혹은 한 치 앞을 내다볼 수 없는 국제정세가 상승의 모멘텀이 될 수도 있습니다. 여하튼 주저주저하다가 시세의 정점에 진입하는 우는 범하지 않길 바랍니다.

모멘텀 플레이

저는 단기 투자자이지만 스윙매매와 중기 투자도 같이하고 있습니다. 많은 사람이 스윙이나 중기 투자를 할 때 가장 먼저 보는 것이 차트가 아닐까 생각합니다. 바닥에서 기고 있는 종목들을 찾는 사람들도 있지요. 그런데 저 개인적으로는 이것들을 투자자가 가장 피해야 할 요소 중의 하나로 봅니다.

주가가 낮다는 이유로 종목을 선택하는 사람에게는 기본적으로 발끝부터 머리끝까지 먹겠다는 욕심이 있습니다. 하지만 현실은 언제나 예상대로 흘러가지 않지요. 종목이 언제 오를지도 알 수 없습니다. 문제는 가랑비에 옷 젖듯 바닥권에서 조금씩 계속 떨어지는 종목들은 상폐의 위험도 상존하고 있다는 것입니다.

많은 사람이 저점에서 많은 거래량을 동반한 장대 양봉의 출현을 상승의 신호탄으로 봅니다만, 저는 강력한 이슈에 의한 상한가가 아니라면 접근할 때 상당히 조심해야 한다고 말하고 싶습니다. 상한가를 갔다는 것은 그만큼 큰 호재가 있다는 뜻입니다. 이때부터 관심을 가져도 무방하고, 그렇다면 당연히 매수 관점에서 봐야겠지요. 반면 그저 그런 거래량에 단순히 장대 양봉으로 종가가 형성되었다는 것은 그만큼 이슈도 강하지 않다는 의미입니다. 이런 종목들의 주가는 원위치로 돌아가는 경우가 허다하니 주의가 필요합니다. 대개 이런 케이스로 많은 투자자가 물리고, 지지부진한 주가 흐름에 익숙해지면서 원하지 않은 장기 투자 행렬에 동참합니다.

스윙매매 또는 중기 투자 시에는 장대 양봉이 나왔다고 해서 무작정 매수하는 행위를 금해야 합니다. 차트가 좋다면 그 이유도 타당해야 합니다. 즉 이슈와 모멘텀이 있어야 합니다. 이것 또한 단발성이냐, 중기적인 것이냐를 따져 봐야 하는데 하나의 예를 들어 보겠습니다.

몇 년 전 생전 처음 들어 보는 아프리카 돼지열병이 창궐했을 때 관련 테마주들이 상한가를 가는 등 급등했습니다. 이 중에는 직접적인 연관이 없는 종목도 있었죠. 실적에 미치는 영향도 미미했을 뿐만 아니라 통제가 가능한 질병이었으므로 단발성이라 할 수 있었습니다. 그러면 주가는 당연히 원위치로 가게되지요. 이후 또 한 번 돼지열병이 발생했다는 소식이 들려왔으나 장중에 깜짝 시세를 줬을 뿐 과거의 퍼포먼스를 보여 주지 못했습니다. 이는 조류독감도, 훨씬 전의 황사 테마도 그렇습니다. 모두가 식상한 재료지요.

이렇듯 과거에 생긴 테마가 다음에 또 이슈화될 때 저점에서 잠깐 급등했다고 해서 덜컥 매수에 동참하면 안 됩니다. 무엇이든 새로운 테마가 신선하고, 시세의 탄력 또한 좋습니다.

나에게 좋아 보이는 차트는 누구에게나 좋아 보입니다. 상승의 초입 같고 내일이라도 금방 튀어 올라 상한가를 갈 것 같지요. 이런 차트는 조금만 공부하면 누구나 찾을 수 있고 누구나 알 수 있습니다. 그러나 주식은 차트가 좋아 보인다고 해서 가격이 오를 정도로 쉽지 않습니다. 이렇게 쉬우면 누구나 다 돈을 벌겠지요. 특히 앞서의 경우처럼 되풀이되는 테마주 트레이딩은 매수 관점에서 아예 배제하는 것을 원칙으로 삼아야 합니다.

● 그림 2-18   아모레퍼시픽 일간 차트 (17.04~11)

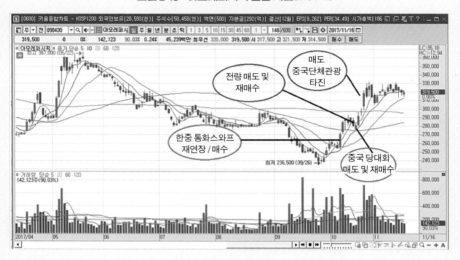

아래는 제가 과거에 썼던 스윙투자 관점 모멘텀 투자입니다.

저는 2017년 10월 당시 아모레퍼시픽을 계속 주시하며 스윙과 단타를 같이했 습니다. 저점에서 상대적으로 긴 양봉이 출현하자 매수에 동참했고, 다음 날 에도 장대 양봉이 만들어진 상태였습니다. 그리고 이후 며칠간 조정을 보였습 니다. 당시는 한중 통화스와프를 연장하네, 마네 하며 불확실성이 강한 상태였 습니다. 달리 말하면 이슈와 모멘텀이 아직 살아 있었던 것이죠. 당시의 제 매 매일지입니다.

2017년 10월 20일 매매일지

TV를 보다 자막에 빨간 글씨로 속보가 떴다. '한중 통화스와프 연장 합 의!!' '이거다!' 하고 매수하려고 보니 호가창에 움직임이 없다. '이상하

다…' 생각하던 찰나에 몇 백주씩 매수가 들어왔다. 그에 나도 일단 500주 베팅. 이후 몇 십 초 흘렀을까? 갑작스럽게 대량의 매수세가 들어오더니 만 주 이상의 대량 매도가 이어졌다. 더 이상한 건 이 큰 매도량을 한 번에 먹어 버렸다는 것이다.

이렇게 몇 번의 대량 매매 공방이 전 고점 부근에서 이루어지고 있었다. 나는 이렇게 생각했다. '이건, 분명 개인이 아닌데…' 뉴스에 의한 수익 실현인가? 설마 오른 것도 없는데…? 매수 주체가 기관인가, 외인인가? 장이 끝나고 보니 외인은 팔고 기관은 샀다.

생각해 보자.

'저점 대비 얼마 오르지 않았고, 고점 대비로는 많이 떨어진 상태다. 만약 여기서 물린다고 해도 저점과 그리 멀지 않으니, 이건 베팅해 볼 만하다. 무엇보다 분봉상 저점을 계속 높이고 있지 않은가…?'

나는 위와 같이 결론을 내리고, 호가창을 유심히 보면서 눌림목이라 생각되는 부분에서 250주씩 계속 매수했다. 어떠한 확신도 없었기에 큰 베팅은 할 수 없었다. 그렇게 총 1,500주 매수 완료. 더 사고 싶었으나, 이미 5% 이상 오른 상황이었다. '이것만 가지고 가자.'

나는 그날 목표가로 30만 원을 설정했는데, 오르막길에서 며칠간 계속된 음봉에 견디지 못하고 전량 청산했다. 그래도 수익 실현!

이후에도 이슈와 모멘텀이 있었고, 그에 따라 몇 번의 단타와 스윙매매를 더 했습니다.

● 그림 2-19 2017년 10월 20일 매매 결과

| [0857] 주식 매매일지 | | | | | | | | | | | | |

계좌수익률 조회(일별)　계좌수익률 조회(월별)　계좌투자수익률 상세조회　당일매매 종합평가　당일매매 비용정산　**주식 매매일지**

계좌번호 ****-**　　　　　　　　　　　　　　　　⦿매도전체 ⦿매수기준매도　　기준일자 2017-10-20　조회 다음

| | 매수금액 | | 1,057,048,400 | | | 395,790 | 이자 | | 1,544,938 | 손익 | | 65,940,897 |
| | 매도금액 | | 1,730,602,270 | 세금 | | 5,191,764 | | | | 수익률 | | 3.97 |

종목명	당일 매수			당일 매도			제세금			손익	수익률	이전 매입평균	대출일
	평균가	수량	매입금액	평균가	수량	매도금액	수수료	세금	이자				
삼성물산				146,000	1,000	146,000,000	20,730	437,998	907,619	9,966,986	7.40	134,666	2017/09/
셀트리온	125,249	2,000	351,498,400	172,260	2,500	443,150,000	112,830	1,329,435	0	2,609,334	0.59	125,639	
아모레퍼시픽				285,167	1,500	427,750,000	60,740	1,283,248	368,952	31,829,916	8.07	262,804	2017/10/
아모레퍼시픽	282,375	1,000	282,375,000				40,090	0	0	-40,090	0.00	282,375	2017/10/
셀트리온헬스				60,800	1,500	91,200,000	12,950	273,600	220,954	7,975,829	9.64	55,144	2017/10/
한미약품				517,825	400	207,130,000	29,410	621,388	27,284	3,211,918	1.58	508,100	2017/10/
델콘	6,932	17,500	121,325,000	6,884	15,000	103,256,370	31,880	309,765	0	1,389,725	1.36	6,768	
신라젠	54,800	1,000	54,800,000	54,400	1,000	54,400,000	15,500	163,194	0	-578,694	-1.05	54,800	
신라젠				53,750	3,000	161,250,000	22,892	483,746	20,129	10,273,233	6.82	50,150	2017/10/
신라젠	54,900	4,500	247,050,000	54,650	1,000	54,650,000	42,838	163,948	0	1,205,714	2.26	53,237	2017/10/
삼성전자				41,816	1,000	41,815,900	5,930	125,442	0	-1,902,974	-4.36	43,587	

- 제세금은 당일 발생한 매매에 대해서만 제공되며, 손익 및 수익률은 매수 시점의 제세금도 감안하여 산출한 데이터입니다.
- [이전 매입평균] 항목에 제세금 및 권리/청약 등으로 인한 변경사항은 반영되어 있지 않습니다.
  매수 시점의 단가와 수량으로 단순하게 산출한 평균가이므로, 참고자료로만 활용하시기 바랍니다.
- 이전 매입평균은 [매입평균단가 변경] 화면에서 변경하여 이용이 가능하나, 매도 전 변경해야 손익 및 수익률에도 변경된 단가로 적용됩니다.

한중 통화스와프 재연장 → 중국 당대회(사드 보복 정책 완화 기대) → APEC 한중
정상회담(사드 관련 언급 기대) → 12월 한중 정상회담(한중 관계 완전 정상화)

이후부터는 실적이 가시화되어야 하겠지요. 이와 같은 정치적인 이슈와 함께
한중 관계 개선 모멘텀을 기대하고, 일간 차트상 눌림목 매수와 고점 매도를 반
복했던 단타와 스윙매매의 사례였습니다.

트레이딩 Big 4

주도주와 대장주

눌림매매, 돌파매매, 상한가 따라잡기, 종가 베팅은 원 사이클 매매, 즉 단기 트레이딩의 Big 4라 할 수 있다. 이 네 가지 모두를 자유자재로 활용하면 좋겠지만, 지금은 시간을 두고 경험을 쌓으며 하나씩 자신의 것으로 만들 때다. 한꺼번에 모두 습득하려면 많은 시행착오를 겪게 되고, 매매할 때마다 다소 혼란을 초래할 수 있다. 완전히 이해하고 수익이 날 때까지 익힌 후 다음 매매 기법을 배우는 게 좋다. 여기서 중요한 것은 트레이딩할 대상 종목이 주도주, 즉 대장주여야 한다는 점이다. 절대 잊어선 안 된다.

주도주, 비슷한 개념인 대장주를 찾지 못하는 사람이 의외로 많다. 이것을 파악하는 능력은 트레이딩에 있어서 기초 중의 기초라 할 수 있음에도 불구하고 별로 중요치 않게 여기고 넘어가는 것이다.

주도주나 대장주를 해야 한다고 했는데 이 둘의 의미는 미세하게 다르다.

'주도주'라 함은 시장 전체를 이끌어 가는 당일 또는 최근의 스타주로서 많은 투자자의 관심과 더불어 큰 거래 대금을 동반하며 시장 분위기를 리드하는 종목이라 할 수 있다. 또는 몇 달간 시장의 중심주로서 많은 투자자의 이목을 집중시키며 시장을 하드 캐리하기도 한다.

'대장주'는 주도주와 유사하긴 하나 좀 더 디테일하게 말하면 한 테마의 1등주라 할 수 있는데, 이 또한 당일 또는 며칠간 주식시장을 활발하게 만드는 역할을 한다. 업종의 대표주를 대장주라 일컫기도 한다.

이번 Chapter 3에서 다루게 될 단기 트레이딩 Big 4는 주도주 매매 Big 4와 같은 개념으로 생각하고 이해하자.

어플리케이션 '티마'

필자는 지금까지 투자하면서 장중 실시간 대장주와 주도주를 파악하는 데 집중했으며, 그에 따른 뉴스 검색을 게을리하지 않았다. 사실 이 작업은 만만치 않은 시간과 노력을 필요로 했다. 또 어떤 경우에는 1등주인 줄 알고 매매했으나 잠시 후에 다시 살펴보니 탄력이 없는 2등주일 때도 있었다. 기회 비용으로 보았을 때 투자자에 있어서 이것처럼 허탈한 일도 없을 것이다.

그래서 주도주 또는 대장주와 2등주 등 관련 종목들을 한눈에 즉시 보여 주는 도구가 있다면 참 좋겠다는 생각을 하게 되었다. 그렇게 내가 매매에 활용하고자 어플리케이션 개발을 추진했는데, 이 작업 또한 쉽지 않았다. 결국 2년간 여러 번의 시행착오를 겪으며 베타 버전을 통해 테스트를 진행한 후 지금의 '티마'를 완성하게 되었다
'티마'는 '트레이딩 마법사'의 줄임말이다. 필자와 같이 시간적 노력을 덜하고 환경적으로 불리한 여건이 있는 직장인분들에게는 큰 도움이 될 것이다.

주도주, 대장주 찾는 방법

INVESTING VS. TRADING

첫 번째는 시장 전체를 보며 대표주를 찾는 방법으로, 최근 이슈가 되고 있는 업종이나 테마에서 관련주들이 상한가를 가는 등 단체로 급등하는 종목들 중에서 찾는 것이다. 여기에서 중요한 것은 가장 먼저 상한가를 갔다고 해서 해당 종목이 반드시 주도주가 되는 것이 아니라는 것이다. 주도주는 당일 어디에 선택과 집중을 해야 하는지와 관련해서 트레이더들로 하여금 투심을 그쪽으로 향하게 하는, 일종의 시그널을 준다.

다소 막막할 수 있으니 예를 들어 보자. 2024년 엔비디아의 급등에 따라 폭발적으로 상승한, 우리나라 관련주라 할 수 있는 SK하이닉스, 한미반도체, 이수페타시스 등을 주도주 또는 대장주라 언급할 수 있다. 또 2023년도 2차전지 테마가 활황일 때 한농화성, 이수스페셜티케미컬,

● 그림3-1 한미반도체 일간 차트(23.12~24.06)

이브이첨단소재, 금양 등이 1등과 2등을 번갈아 가며 시장을 달구는 사이에 에코프로는 우직하게 상승하며 관련 종목들의 중심추 역할을 했다. 앞의 종목들이 상한가를 자주 가고 끼가 많았음에도 불구하고 주도주라 표현하기에는 무리가 있다. 상황별, 시기별 대장주라 말하는 것이 옳다. 이때는 앞서 언급한 관련주들 중 어느 것을 매수해도 상관없지만 2등주로 밀려난 종목은 매매하지 말아야 한다.

당시 필자는 상한가를 간 중소형주를 주로 매매했고, 에코프로가 상대적으로 등락이 좋을 때는 여기에 집중해서 트레이딩했다. 결론적으로 어떤 테마나 업종이 급등하는 상태에서 시가총액이 크고, 거래 대금이 상당하며, 등락이 좋은 종목을 주도주라 할 수 있다. 앞서 언급한 로봇 테마의 레인보우로보틱스와 같은 개념이다.

이러한 주도주들은 수개월 동안 시장을 주도하는데, 동시에 대장주로 서의 역할을 한 것이라고도 볼 수 있다.

두 번째는 어플리케이션 '티마'를 이용하는 방법이다. 개별 이슈로 보면 특별히 눈에 띄는 것은 없으나 국제정세를 보면 이스라엘이 헤즈볼라를 공습하면서 제5차 중동전쟁으로 확전될 가능성에 관련주들이 움직였다. 큰 폭으로 조정받은 후 반등세에 있는 2차전지 관련주 중에는 에코프로머티가 5000억 가까이 거래 대금을 발생하며 소폭 상승했다. 이밖에 신규 상장한 제닉스가 5600억가량 거래되며 시장의 관심을 받았다. 하지만 신규 상장주 특성상 당일에만 거래량이 폭발하지, 그다음 날부터는 크게 힘을 받지 못하는 현상을 자주 보이고 있다. 이 또한 시

● 그림3-3 2024년 9월 30일 티마의 마켓 중심

장 상황에 따라 트렌드가 바뀌니 주의할 필요가 있다.

2024년 10월 현재, 최근 몇 달 동안 시장을 주도하는 종목이나 업종이 없었다. 우리나라 시장은 해외 증시에 비해 많이 소외되는 모습을 보이고 있는 것이다. 그 이유를 알 수는 없지만 금융투자소득세 시행 여부가 확정되지 않은 상황도 큰 원인 중의 하나이지 않을까 싶다. 여기서 필자가 보유한 종목을 통해 현재 시장을 어떻게 보고 있는지 살펴보자.

유한양행과 SK하이닉스 두 종목을 보유하고 있는데 각각 시장의 주도주라 판단되어 매수 및 보유하게 되었다.

10월 2일 빨간 박스에 그려진 바와 같이 다른 종목에 비해 상대적으로 거래 대금이 많은 고려

● 그림3-4 2024년 10월 4일 현재 보유 잔고

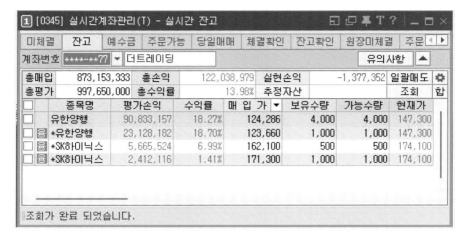

● 그림3-5 거래일 10월 2일(수)과 4일(금)의 마켓 중심

아연, 한화인더스트리얼, 유한양행을 비교해 보자.

고려아연은 경영권 분쟁에 의한 개별 이슈로 상승했고, 한화인더스트리얼은 한화에어로스페이스에서 인적 분할한 신규 상장 종목으로 며칠째 시장의 관심을 받고 있다. 뚜렷한 주도주가 보이지 않는 2024년 9월과 10월 초의 시장에서 이러한 종목들이 거래 대금이 많다는 이유만으로 주도주라 할 수 있을까? 그렇지 않다. 왜냐하면 이 종목들이 시장 전체 분위기를 리드한다고 볼 수는 없기 때문이다.

바이오 개별 섹터에 있는 셀루메드는 과거부터 트레이더들이 좋아하는 끼가 많은 종목으로서 최근 개별 호재로 급등했고, 2일도 상한가로 장을 마감했다. 보는 바와 같이 한 달 만에 150% 넘게 급등했는데, 이는 개별 호재에 의한 상승으로 판단해야 한다. 즉 주도주나 대장주가 아닌 '시장특징주'로 제한하여 트레이딩해야 한다. 이를 달리 말하면, 단기 매매하기에는 좋으나 이 종목이 시장 전체의 투심을 좌우하지는 못한다는 것이다. 다만 2, 3등주 등 관련주가 있다면 한 테마의 대장주로서 역할은 충분히 할 수 있는 포지션의 종목이라 할 수 있다.

10월 3일 개천절 휴일을 거친 금요일인 4일에는 이스라엘이 이란의 핵 시설과 정유 시설을 폭격할 수 있다는 우려에 중앙에너비스가 상한가를 갔다. 영풍그룹 관련주는 전 거래일에 이어 연속적으로 큰 거래 대금을 발생하며 급등했다. 그러나 이 섹터의 관련주 역시 시장의 주도 테마가 되기에는 한계가 있다. 이유는 앞서 언급한 셀루메드와 같다. 중앙에너비스는 중동전쟁 테마의 대장주 역할을 할 뿐, 시장 전체의 투심을

자극하는 주도주라 볼 수 없다. 다만 4000억 이상의 거래 대금이 터지
고 급등한 흥구석유는 2등주라 할 수 있다. 필자는 이 종목들을 매매하
진 않았으나 중앙에너비스의 상한가 따라잡기와 1등주 같은 2등인 흥
구석유는 트레이딩에 충분히 참여해 볼 만하다고 여겼다.

이제 필자가 매수한 유한양행의 흐름을 보자(《그림 3-7》).

필자가 계속 매매하는 동 종목은 시가총액이 큼에도 불구하고 주가
의 등락이 활발하다. 렉라자에 대한 호재로 신고가를 달성하고 있을 뿐
만 아니라 적절한 가격에서 기간 조정도 거치고 있다. 또한 하루 거래 대
금이 상당하다는 점은 아직까지는 시장의 주도주로 여겨도 큰 무리가
없다고 할 수 있다. 이와 관련해서는 5장에 나올 '일주일의 스윙투자'에
서 더 자세히 다루겠다.

● 그림3-7 유한양행 일간 차트(24.03~10)

티마의 '마켓 중심'을 통해 실시간으로 시장의 흐름을 한눈에 직관적으로 파악할 수 있다는 것은 단기 트레이딩에 있어서 큰 장점이라 할 수 있다. 즉 상위권에 포진되어 있는 대장주들 그리고 1등 못지않은 거래 대금과 상승률을 기록하는 2등주 등을 쉽게 찾아 매매할 수 있다. 또한 유한양행처럼 신고가를 달성한 후 과거와 달리 큰 거래 대금을 동반한 상승과 조정을 거치며 '마켓 중심'에 자주 노출되는 종목은 스윙 트레이딩과 장중 눌림매매에도 적용할 수 있다.

마지막으로 검색식을 이용하는 방법도 있는데, 시가총액이나 거래 대금, 상승률 등을 이용해 종목을 찾는 것이다. 특정한 조건을 입력하면 종목들이 도출되는데, 여기에는 판단의 오류가 발생할 수 있는 허점이

내포되어 있음을 주의해야 한다. 첫날 거래 대금이 상당한 신규 상장 종목이라든가 테마의 2등주 등이 검색될 수 있고, 사실에 기반하지 않은 지라시성 뉴스로 인해 급등한 종목이 도출되어 자칫 매수 후 크게 물릴 수도 있기 때문이다. 이러한 검색식을 이용하기에 앞서 언급한 두 가지 방법을 익힌 후 종목별 호재 또는 악재를 판단할 수 있는 능력이 생겼을 때 활용하는 것이 좋다.

주도주와 대장주를 찾는 방법을 알았다면 이제부터 그것들을 어떻게 매매하는지 트레이딩 Big 4에 대해 하나씩 알아보자.

눌림매매

눌림매매는 주가가 하락 조정할 때 분할 매수 관점에서 물량을 채워 반등 및 상승 시 수익을 내는 방법으로 초보 투자자나 직장인들이 접근하기에 가장 용이하며, 그런 이유에서인지 많은 투자자가 즐겨 하는 매매법이다.

하지만 분할 매수가 자칫 무한 물타기되어 계속된 매수로 결국엔 추가 매수할 돈이 없게 되기도 하는데, 이럴 때는 대체로 더 큰 하락의 공포를 이기지 못하고 손절로 끝난다. 많은 사람이 조금씩 수익 내다가 한 방에 몰아서 손실을 보는 경우가 여기에 해당한다고 할 수 있다. 따라서 제대로 배우고 하지 않으면 다른 어떤 매매법보다 상실감이 클 수 있다.

눌림매매를 효과적이고 스마트하게 할 수 있는 방법을 알아보자.

파동을 이용한 매매

상한가 따라잡기는 하이 리스크, 하이 리턴의 매매 방식이라 알려져 있지만 사실 알고 보면 이것만큼 좋은 매매법도 없을 정도로 매력적인 트레이딩이라 아니할 수 없다. 몇 년 전 코로나 시국에 많은 수익을 냈는데, 그때 이 매매법을 사용했다. 그만큼 파괴력이 큰 투자 방식이다.

직장인이나 초보 투자자 이외에도 개인 사정상 상한가 따라잡기를 못하는 트레이더들이 있다. 이들이 아쉬워할 법도 하지만 꼭 그렇지만도 않은 것이 상한가 따라잡기만큼은 아니더라도 그에 버금가는 수익을 얻을 수 있는 트레이딩법이 있기 때문이다. 바로 그다음 날 파동을 이용하는 매매다.

상한가 따라잡기를 한 트레이더들조차 상승 갭의 수익만을 생각하고 그 이후의 매매에 대해 무관심하거나 주가가 너무 높아 무서워서 접근을 아예 못하는데, 상한가를 간 종목들 중 강한 대장주일수록 시세가 단 한 번으로 끝나는 경우는 드물다. 즉 적어도 두 번의 파동은 일어난다는 점에 주안을 두고 매매하는 방식으로, 데이 트레이더에 있어서 눌림매매의 정석이라 할 수 있다.

첫 번째 파동이 상한가 따라잡기를 한 사람들의 그다음 날 갭 상승 수익이라고 한다면, 두 번째 파동을 이용한 매매법은 장 초반 매도세와 매수세가 치열하게 싸운 후 다소 진정되면서 주가가 어느 일정한 구간에서 박스권을 형성하며 지지를 보여 줄 때, 그 구간의 저점에서 분할 매수 후 급등 또는 반등 시 매도하여 수익을 내는 방법이다. 이 매매법 은 전상매매(관련해서 뒤에서 자세히 설명한다)와 연결되는 부분이 많으므 로 같은 맥락에서 이해하는 것이 좋겠다.

● 그림 3-8 디알텍 1분 차트(06.14)

● 그림 3-9 디알텍 매매 결과

〈그림 3-8〉은 예전에 매매한 디알텍의 1분 차트다.

장 초반 빨간 박스 부분 하단에서 수차례에 걸쳐 지지를 보였다는 것은 시세를 한 번 더 줄 수 있다는 의미로 받아들여도 좋다. 따라서 이 지지점에서 매수를 하고, 당일 전 고점 부근에서 매도하는 전략도 매우 훌륭한 방법이라 할 수 있다.

장 후반 종가 베팅 관점에서의 박스권 하단 공략 또한 유효한데, 이는 상한가 시세는 한 번에 끝나지 않고 연속해서 일어날 가능성이 높다는 점을 이용한 매매법이다. 물론 다음 날 더 하락할 수도 있으나 대장주의 경우 갭 하락하더라도 충분히 빠져나올 수 있는 구간이 생기는 경우가 허다하다.

상한가 종목의 다음 날 두 번의 파동

주가가 높아 무섭다고 멀리하지 말자. 성공 확률이 높은 매매는 급등 종목에서 나온다. 하지만 이것도 맹점이 있으니, 상한가 종목이라고 다 같은 상한가가 아니다. 현재 이슈에 맞지 않는 장기 소외주의 뜬금없는 상한가, 거래 대금 없는 힘이 없는 상한가 등은 다음 날 시세를 더 주는 케이스가 있어도 그 확률 면에서 높지 않으니 가까이하지 않는 것이 좋다. 한두 번 성공할 수는 있어도 장기적으로는 손해다.

SG세계물산 또한 같은 전략이다. 횡보 기간이 길기 때문에 이 구간을 참지 못하는 경우가 많다.

여기서 디알텍과 SG세계물산 모두 대장 역할을 했다는 점을 명심하자. 2등주는 매매 관심권에서 아예 배제를 해야 한다.

로보로보의 경우 전날 상한가 따라잡기를 한 후 다음 날 고가에서 수익 실현을 하고 두 번째 파동을 예상해 장중 눌림매매를 했다. 보는 바와 같이 아침에 시세를 줄 때 상한가 따라잡기 물량을 매도한 후 하

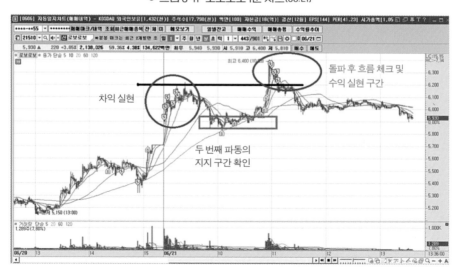

락 조정을 기다리다가 지지선을 확인하고 눌림 구간에서 분할로 매수한 것이다. 추가로 전 고점을 돌파할 때 매수했고, 고점에서 수익 실현함으로써 매매를 마무리 지었다. 즉 〈그림 3-11〉은 상한가 따라잡기, 눌림, 돌파매매를 한 종목에서 동시에 한 것이다.

뼈까지 추려 먹을 자세로 매매에 임하라

원 사이클 매매의 대상 종목은 상한가를 간 강한 종목에서 대부분 이루어진다. 이처럼 먹을 게 있는, 인기 있는 종목을 발견하면 뼈까지 추려 먹는다는 자세로 끝까지 물고 늘어지면서 기회를 놓치지 말아야 한다.

SG세계물산이나 로보로보의 차트를 보면 상한가 때 직장인은 매수하기가 쉽지 않다. 그러나 다음 날 두 번째 파동을 노리는 전략은 지지 구간만 잘 살핀다면 충분히 해 볼만 한 매매라 할 수 있다. 눌림 자리에서 매수가 체결되면 적당한 지점에서 미리 매도 주문을 걸어 놓는다. 자신의 그릇만큼 먹는다고 했을 때 저가에서 고가 간 최대 10%의 폭 중에서 3%+@만 자신의 것으로 만든다면 꽤 괜찮은 트레이딩이라고 할 수 있다.

직장인과 초보 투자자에게 있어서 이런 식으로 장중 눌림매매를 하루에 한두 종목, 많아야 세 번 하고 마무리하는 것이 가장 효과적이다. 과욕은 금물이다.

눌림매매 손절법

손절은 저마다의 기준이 다르기에 어떠한 지점을 정해 주기 어렵다. 누군가는 -3%, -5%일 때 손절하고, 또 누군가는 이동평균선을 기준으로(예를 들면 10일선, 20일선이 하향 이탈할 때) 손절한다.

다만 여기에서는 눌림매매 관점의 박스권을 그려서 하단에서 매수하는 방법을 활용했기 때문에, 마찬가지로 박스 하단을 하향 이탈할 때 손절을 하고자 한다. 물론 하단 이탈 후 바로 회복하는 경우도 있으나 그것을 기대하면 손절을 아예 하지 못하고, 오히려 더 큰 손실을 초래할 수 있기 때문에 과감히 실행해야 한다.

● 그림 3-12 손절 예시

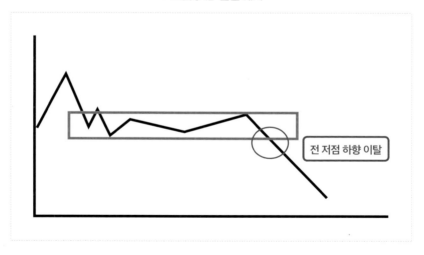

예시를 살펴보자. 〈그림 3-13〉은 2024년 4월 25일에 신규 상장한 삐아

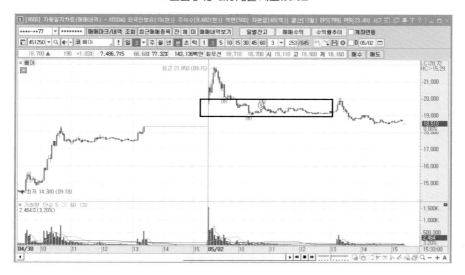

의 3분 차트이다.

나는 상한가를 간 다음 날 눌림을 공략했다. 시초가 부근에서 지지를 받을 것으로 예상했고, 장중 눌림이 발생하자 공략 포인트였기에 매수를 감행했다. 주가는 잠시 반등하는 듯했으나 재차 하락세를 보였다. 이것은 자칫 무한 물타기의 시작이 될 수 있으므로 나는 더 큰 손실로 이어지는 것을 방지하고자 2차 추가 매수 후 박스권 상단의 저항선 부근에서 손절로 대응하고 매매를 마무리했다.

비교적 일찍 손절을 결정한 이유는 최근 신규 주식들의 상장 후 주가 흐름이 좋지 않았고, 삐아는 화장품 관련주의 대장주 역할도 본느에 빼앗겼기 때문이었다. 〈그림 3-15〉는 당시 대장주로 치고 나간 본느의 3분

● 그림 3-14 삐아 매매 결과

● 그림 3-15 본느 3분 차트(05.02)

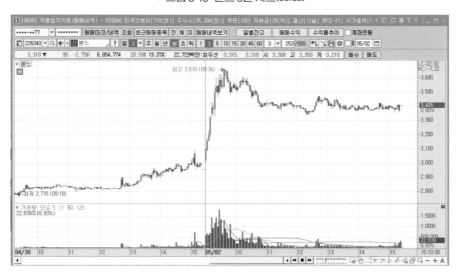

● 그림 3-16 삐아 일간 차트(24.04~05)

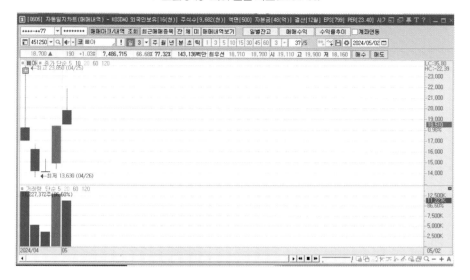

● 그림 3-17 본느 일간 차트(23.08~24.05)

차트이다.

또 한 가지 손절 이유는 두 종목의 일간 차트에서 찾을 수 있다(〈그림 3-16〉, 〈그림 3-17〉).

삐아는 4월에 신규 상장했을 때 많은 거래량이 발생했고, 이때 생긴 매물대가 켜켜이 쌓여 있어 저항으로 작용하고 있다. 즉 주가가 치고 올라가기에는 부담스러운 모습이다. 반면 본느의 차트를 보면 많은 거래량을 동반해 전 고점을 돌파하고 있다. 달리 말하면 저항대가 없다. 대장을 빼앗긴 삐아를 계속 들고 반등을 노리는 전략은 실패할 확률이 높기 때문에 미련 없이 약손절로 던지고 나온 것이다.

신규 주식 매매 시 주의 사항

신규 주의 상장 당일 상승폭이 400%로 바뀐 이후 시가가 높게 형성되어 음봉의 형태로 마감되는 일이 많이 발생하고 있다. 이는 공모가에 매수한 기관과 외인, 개인들의 물량이 일시에 쏟아지기 때문이다. 따라서 신규 주식의 첫날 장중 눌림매매는 주의할 필요가 있다.

상한가 따라잡기

상한가 따라잡기를 하면 알 수 있는 것들

앞서 언급한 바와 같이 상한가 따라잡기는 큰 수익을 가져다주기도 하지만 그만큼의 리스크도 동반한다. 그럼에도 불구하고 상한가 따라잡기를 하는 이유는 간단하다. 계좌를 급속도로 불려 주기 때문이다.

실제로 깡통의 시련을 극복하고 약 1년 만에 23만 원으로 10억 원의 수익을 낸 전무후무한 사례도 있다. 그는 '버저비터'라는 닉네임을 갖고 있는데 필자의 강의 수강생으로 처음 알게 됐고, 그것을 인연으로 현재도 전업투자자이면서 강사로서 왕성한 활동을 이어 가고 있다.

계좌에 폭발적인 상승을 가져올 수 있는 상한가 따라잡기를 하면 알 수 있는 것들을 하나씩 알아보자.

a. 주식시장 돈의 흐름을 알 수 있다

상한가 따라잡기를 단순히 매매법 중의 하나라고 생각하면 안 된다. 어떤 종목이 상한가를 간다는 것은 그만큼 시장의 이목을 끌고 있다는 뜻이며, 관련 테마의 종목들 또한 무리를 지어 상승하기 때문에 시장의 돈이 어디로 쏠리고 있는지를 이것만으로도 파악할 수 있다. 오늘 시장을 이끄는 업종이나 테마, 사회 이슈 등을 단번에 알 수 있다는 뜻이다. 돈이 몰리는 곳에 참여해야 트레이딩 스킬이 늘고, 수익도 다른 종목을 매매하는 것보다 비교적 쉽게 낼 수 있다.

b. 종목의 특성을 이해하게 된다

어떤 종목을 상한가 따라잡기 할 때는 그 종목에 대한 정보는 물론이고 호가창의 흐름, 주 거래원의 매매 동향 등을 집중해서 관찰해야 하기 때문에 동 종목의 주가 흐름이나 세력들의 핸들링 등을 나도 모르게 이해하게 된다. 어떤 증권사를 통해 상한가 따라잡기를 시도하는지, 주 거래원 성격이나 프로그램 매매가 상한가에 어떤 영향을 끼치는지도 확인할 수 있다. 많이 매수한다고 해서 상한가를 가는 것도 아니고, 많이 매수하지 않는다고 못 가는 것도 아님을 알아야 한다. 이러한 종목들은 차후에도 비슷하게 움직이는 경향이 있는데, 상한가 따라잡기를 할 때의 경험이 추후에 트레이딩하는 데 있어 도움이 될 것이다.

c. 주린이를 초고속 성장하게 한다

이는 주린이가 금방 수익을 낼 수 있다는 뜻이 아니고, 앞서 언급한 두 가지 장점을 단시간에 배울 수 있다는 뜻이다. 나는 어느 정도 트레이딩의 기초를 배우고 난 후에 소액으로 상한가 따라잡기를 시도하라고 권하고 싶다. 그러면 그 누구보다 시장을 빠르게 파악할 수 있을 것이다.

d. 선택과 집중을 할 수 있게 한다

상한가 따라잡기를 시도한다는 것은 현재 시장에서 가장 강한 테마와 종목을 본다는 뜻이다. 우리는 그중에서도 대장주를 매매할 것이기에 어떤 종목이 진짜 1등인지를 파악하는 능력을 키울 수 있다. 이런 종목들에 집중할 것이기에 여타 다른 종목들의 잡매매가 자연히 줄어드는 효과도 있다.

상한가 따라잡기를 시도하는 거래원(증권사)의 특징

증권사마다 상한가 따라잡기를 할 때 특징이 있다. 이러한 성격을 파악하고 매매에 참여한다면 큰 참고가 될 것이다.

교보증권은 상한가 따라잡기팀이 있다는 루머가 있을 정도로 상당히 강력한 상한가를 구축하고, 다음 날 시세도 좋으며, 전상매매 트레이딩하기에도 나쁘지 않다. 나의 경우 키움증권의 순매수량이 많다면 이는 세력이나 큰손들의 개입이 있을 수 있다고 판단하고, 다음 날 갭 상승 크기보다는 전상매매 관점에서 접근하는 편이며 수익의 확률도 높다.

이외에 NH투자증권, 미래에셋증권, 대신증권, 신한투자증권 등도 상한가 따라잡기에 참여하나 그리 큰 영향력을 발휘하지는 못한다. 삼성증권도 상한가 따라잡기에 참여하나 지켜 주지 못하고 조금의 흔들림에도 전량매도 처리하는 경향이 매우 강하다. 따라서 삼성의 거래원이 압도적으로 많다면 상당히 주의를 기울여야 한다. 즉 언제든지 같이 던지고 나올 준비를 해야 한다. 삼성증권은 그만큼 상한가를 유지한다는 측면에서 신뢰도가 높지 않다.

최고의 종가 베팅은?

종가 베팅이나 스윙매매를 할 때 트레이더들이 신경 쓰는 부분 중 하나가 미 증시의 흐름이다. 다른 나라와 마찬가지로 우리나라 증시도 미국 시장의 영향을 많이 받는다. 그나마 미 증시의 영향권에서 자유롭고 그래서 얼마간의 수익을 기대할 수 있는 게 상한가를 간 대장주다. 대장주 역시 글로벌 악재에 의한 미 증시의 폭락의 영향을 받지만, 장중에 결국 상승하는 경우가 많다. 왜냐하면 상한가를 간 종목은 대부분 투자자의 관심을 한 몸에 받으며, 쌀 때 사자는 매수세 때문에 일시적으로 하락한다 해도 회복도 빠르고 상승 탄력 또한 크다. 이런 이유로 고수들 역시 상한가 따라잡기를 많이 시도한다.

주가가 상한가로 문을 닫으면 다음 날 수익이 어느 정도 보장될 거라는 생각에 누구나 해당 종목을 쳐다보고 사고 싶어 한다. 달리 말하면 대기 매수세가 많다고 할 수 있다. 장중에 하락하더라도 다른 종목에 비해 주가의 회복 의지도 강하다.

이래도 저래도 손실을 보는 초보 투자자라면 상한가 따라잡기를 해 보라고 권하고 싶다. 앞서 언급했듯이 단기간에 시장을 파악하는 능력과 그로 인해 현재 어떤 종목과 섹터가 강한지를 누구보다 빨리 배울 수 있기 때문이다.

상/하한가 제도가 언제까지 시행될지는 모르겠지만 15%에서 30%로

폭이 커진 것처럼 앞으로 더 커질 수도 혹은 미국처럼 아예 상/하한가 제도가 없어질지도 모를 일이다. 분명한 건 이 제도가 있는 한 최대한 이를 이용한 매매를 해야 한다는 것이다.

상한가 따라잡기 대상 종목 선별법

상한가 따라잡기 대상 종목은 어떻게 선별할까? 우리의 주 공략 대상은 2, 3등주를 거느린 1등주다. 대장주가 상한가를 갈 확률이 높고, 상한가 따라잡기 역시 비교적 용이하다. 시장 대비 많은 거래량, 거래 대금을 동반한 개별 이슈가 있는 종목이어야 하며, 반면 호가가 얇은(듬성듬성 있는) 잡주 또는 일회성 이슈에 의한 상한가 따라잡기는 주의해야 한다. 호가가 얇은 종목은 변동성이 매우 크므로 자칫 시세에 현혹되어 자신도 모르게 추격 매수를 할 수 있다. 만약 이때 받쳐 주는 물량이 없다면 순식간에 급락하기도 한다. 이런 경우에는 손절의 기회마저 빠르게 지나가서 큰 손실을 입을 수 있으니 아예 하지 않는 것이 좋다. 그럼에도 하고 싶다면 적은 금액으로 시도해야 한다.

상한가 따라잡기를 시도해 볼 만한 유형 및 시기

1. 끼 있는 종목이 오랜 기간 바닥을 다지고 난 후 상 트라이

2. 단기간 급격한 조정 후 상 트라이
 - 테마의 장기화
 - 전 고점을 앞두고 상한가 시도
 - 가까운 과거의 고점 돌파 시도
 - 전 고점 돌파
 - 현재 이슈에 맞는 테마의 대장주로서 2등주가 잘 따라올 때
 - 거래량, 거래 대금이 사상 최고이면 더 좋고, 평소 대비 많을 때

어떤 종목을 상한가 따라잡기 해야 하는지 두 사례를 통해 알아보자.

a. 테마의 1등주

2024년 4월 구리값의 급등과 더불어 송배전 관련주들이 크게 상승했는데, 그중 1등주는 대원전선이었다. 이전까지는 LS ELECTRIC이 대장주 역할을 하며 관련 종목들의 시세를 이끌었다.

〈그림 3-18〉을 보면 대원전선은 4월 26일에 치고 나갔다. 동 종목은 과거에도 상한가를 많이 가는 등 끼가 상당히 많았으므로 장중 상한가 따라잡기를 결심하고 기회를 노리고 있었다.

● 그림 3-18 대원전선 1분 차트(24.04.26)

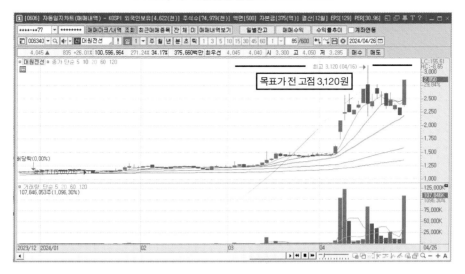

● 그림 3-19 대원전선 일간 차트(23.12~24.04)

목표가 전 고점 3,120원

해당 종목이 당일 상한가를 간다면 목표가를 정하고 기대수익률을 확인해 봐야 한다. 나의 경우 대개 전 고점을 목표가로 설정하는데, 당시 대원전선은 상한가가 2,850원이고 전 고점가는 3,120원이니 기대수익률은 10%를 약간 넘는 수준이다. 내 입장에서 이 정도면 충분히 상한가 따라잡기를 시도해 볼 만하다.

다음 날 대원전선은 전 고점을 가볍게 돌파하며 장중 20% 넘게 상승했다. 나는 다음 날에도 전상매매 관점에서 트레이딩을 했고, 7% 가량 수익을 보았다.

● 그림 3-20 대원전선 일간 차트(23.12~24.04) 2

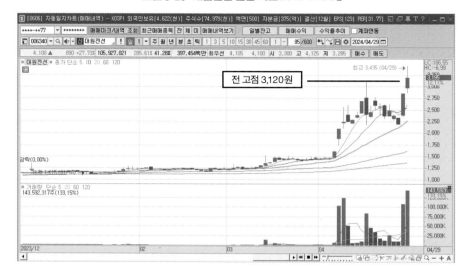

● 그림 3-21 대원전선 실현 손익

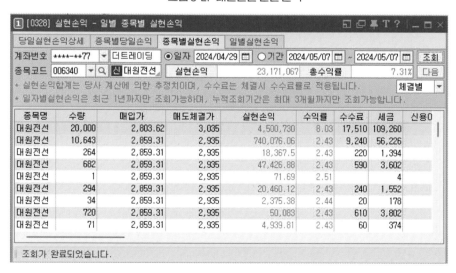

종목의 끼

'종목의 특징'을 줄여서 흔히 '종특'이라고 부른다. 이는 종목마다 주가 흐름 형태와 성격이 있기 때문으로, 이를 참고하여 매매에 활용해 보길 바란다.

과거의 차트를 보면 윗꼬리가 많이 달린 종목이 있는가 하면 상한가를 자주 가는 종목도 있다. 전자는 상한가를 가더라도 풀리기 십상이며, 다음 날 흐름도 좋지 않은 경우가 많다. 이 중 대원전선은 후자에 속한다. 그래서 상한가 따라잡기에 참여했다.

전업 투자자는 물론이고, 직장인도 알아 두면 트레이딩에 크게 도움이 될 것이다.

〈그림 3-22〉를 보면 어플리케이션 '티마'의 정보에 있는 내용 중 빨간 박스에 2년 내 상한가 횟수가 나와 있다. 차트와 함께 이를 참고하면 상한가 따라잡기 시도 여부를 판단하는 데 도움이 된다.

● 그림 3-22 대원전선 상한가 횟수(출처: 티마)

b. 호재성 뉴스

뉴스에 의한 상한가는 사실 전업 투자자가 아니고서는 시도하기가 쉽지 않다. 앞서 언급한 테마의 1등주는 대장주로서 장중 흐름이 견고했고 매수 타이밍도 준 반면, 호재성 뉴스로 움직이는 종목들은 대체로 급상승하며 낚시성이 많기 때문에 직장인이나 초보 투자자는 훈련을 많이 해 본 후에 시도해 보길 권한다.

2024년 5월 7일 전일, 미국 AI 반도체 기업인 엔비디아의 급등으로

● 그림 3-23 2024년 5월 7일 송배전 및 반도체 관련주 실시간 흐름

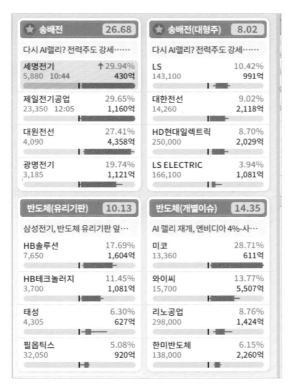

전력변압기 수요가 증가될 것이라는 뉴스에 반도체와 송배전 관련 주가 급등했다. 5월 7일 송배전 및 반도체 관련주 실시간 흐름은 〈그림 3-23〉과 같다.

〈그림 3-23〉을 보면 2등주의 흐름 또한 1등주 못지않게 좋다는 사실을 알 수 있다. 이런 상황에서 세명전기에 호재성 뉴스가 떴다.

송배전 관련주들이 시장에서 주목받는 상황에서 뜬 이러한 뉴스는 상한가 따라잡기를 하라는 신호와 같다. 나는 너무 늦게 확인해서 두 번의 VI를 거친 후에 상한가에서 매수할 수밖에 없었다.

〈그림 3-27〉는 세명전기의 다음 날, 5월 8일 1분 차트 모습이다.

장 시작 동시호가에 15% 가까이 갭 상승하자 전일 가져온 2만 주를 청산했다. 어제의 호재 뉴스가 주가에 크게 작용한 모습이다. 앞서 시장의 큰 주목을 받는 테마의 호재성 뉴스는 상한가 따라잡기를 하라는 신호라고 했다. 이 케이스는 그동안 송배전 관련주들이 시장의 주목을 끌었기 때문에 상한가 따라잡기를 적극 시도한 것이지, 당일 갑자기 튀어나온 듣보잡 테마주의 대장을 무조건 매수하라는 것이 아님을 주의해야 한다. 나는 이후 장중 눌림매매를 짧게 두 번 했고, 2% 정도의 추가 수익을 얻었다.

● 그림 3-24 세명전기 호재성 뉴스

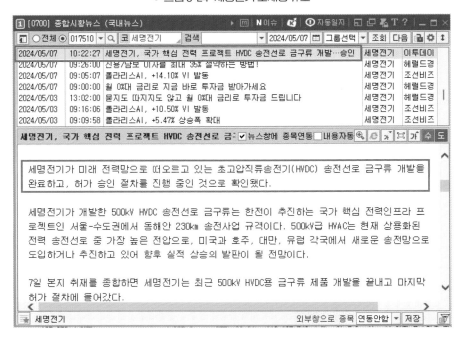

● 그림 3-25 세명전기 1분 차트(05.07)

● 그림 3-26 세명전기 일간 차트(24.01~05)

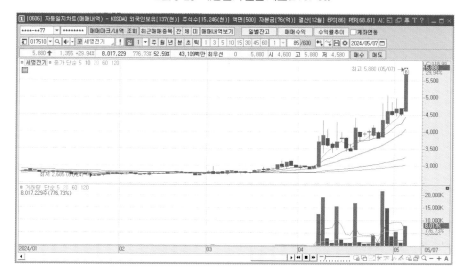

● 그림 3-27 세명전기 1분 차트(05.08)

● 그림 3-28 세명전기 매매 결과

상한가 따라잡기를 하기 전 준비 사항

기본적으로 20% 내외 상승 시 주가 흐름을 집중 관찰해야 한다. 키움증권의 '실시간종목조회 (0198 화면)' 순위에서 상위권에 노출되어 있다면 많은 투자자가 관심을 가지고 있다는 뜻이므로 좋은 신호라 할 수 있다.

이때 상위에 노출되었다 하더라도 무조건 상한가 따라잡기를 하는 것이 아님을 명심하자.

주식시장에는 3,000개가 넘는 종목이 상장되어 있다. 그중 아무리 많아야 10개 이내의 종목이 상한가를 가기 때문에, 상한가를 안 간다에 더 높은 확률을 두고 매매에 임해야 한다.

● 상한가 따라잡기 하기 전 고려 사항

1. 요즘 시장 이슈에 맞는 종목이며 테마의 1등주인가?

2. 끼가 있는 종목인가? → 과거의 차트

3. 그림(차트)을 머릿속으로 그려 본다.

- 상한가 마감했을 때 차트 → 전 고점 돌파인가?

● 비중 조절

주린이나 초보 투자자는 예수금 기준 10% 정도, 월에 1000만 원을 버는 중수 이상은 예수금의 30% 정도를 베팅해야 무리 없다. 이것은 상황과 숙련도 그리고 리스크 관리를 얼마나 잘하느냐에 따라 비중을 더 많거나 적게 조절할 수 있다.

● 그림 3-29 실시간 종목조회 순위(키움증권 0198 화면)

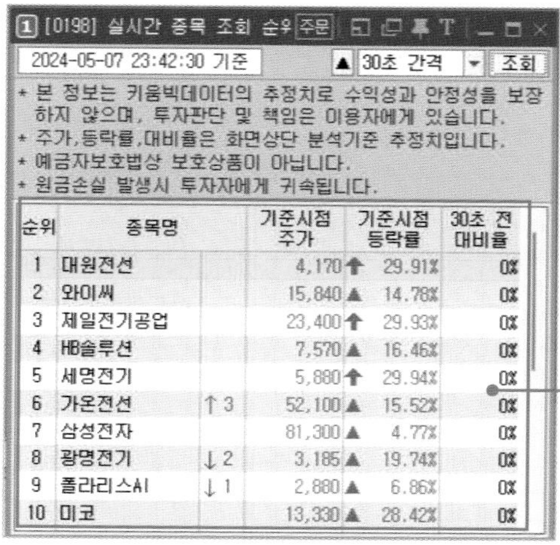

순위	종목명		기준시점 주가	기준시점 등락률		30초 전 대비율
1	대원전선		4,170	↑	29.91%	0%
2	와이씨		15,840	▲	14.78%	0%
3	제일전기공업		23,400	↑	29.93%	0%
4	HB솔루션		7,570	▲	16.46%	0%
5	세명전기		5,880	↑	29.94%	0%
6	가온전선	↑3	52,100	▲	15.52%	0%
7	삼성전자		81,300	▲	4.77%	0%
8	광명전기	↓2	3,185	▲	19.74%	0%
9	폴라리스AI	↓1	2,880	▲	6.86%	0%
10	미코		13,330	▲	28.42%	0%

돌파매매

이 매매법은 전 고점을 돌파할 때 또는 돌파를 예상한 지점에서 매수하여 수익을 극대화하는 기법이다. 장중 초단타 매매, 즉 스캘핑scalping을 하는 트레이더들이 주로 구사한다.

돌파매매는 오버 나이트(장중 매수 또는 종가 매수 후 다음 날까지 홀딩하는 것)의 리스크를 감내하지 않고도 장중에 수익을 쌓을 수 있다는 이점이 있다. 몇 초 또는 몇 분 사이에 매수와 매도가 이루어지므로 장 마감 후 국내외 악재 등의 위험 요소를 피할 수 있다.

돌파매매는 장중 거래 대금이 많고, 등락이 큰 종목에서 트레이딩해야 한다. 대금이 많다는 것은 시장의 관심이 그만큼 많다는 의미이고, 등락이 있어야 트레이딩할 구간이 생기기 때문이다. 언제든지 청산할 수 있어야 하기에 이런 종목들에서 매매하는 것은 당연하다. 한 예로 삼성전자처럼 거래 대금만 많고 등락이 작다면 트레이딩을 할 이유가 없다.

　어떤 매매든 그렇지만 돌파매매를 할 때도 초보 투자자 또는 입문자
는 소액으로 연습 매매를 해 봐야 한다. 급등하는 종목들의 시세에 현
혹되어 이미 돌파한 상태에서 매수하는 우를 범할 수 있기 때문이다. 그
지점은 다른 트레이더들이 수익 실현을 한 곳일 수도 있다. 즉 본인은 돌
파매매를 한다고 했지만 결과적으로 추격 매수를 한 꼴이며, 시세의 고
점에서는 급락이 나올 수 있으므로 큰 손실을 입을 수 있다.

　돌파매매는 순간의 판단이 매매의 성패를 가늠한다. 한 번의 실수가
손실로 연결되는 만큼 리스크가 큰 매매법임을 알아야 한다.

　따라서 이러한 매매법을 익히기 위해서
는 호가창에 집중하면서 호가의 배열이라
든가 매도량을 잡아먹는 방식 또는 짱돌
매물(갑자기 출회되는 큰 매도 물량)에 주의해
야 한다. 배움으로 그치지 않고 부단한 연
습 매매를 통해 감각을 익혀야 함은 물론
이다.

스캘핑

스캘핑은 '가죽 벗기기'라는 의미
로 북미 인디언들이 적의 시체에
서 머리 가죽을 벗겨 내 전리품으
로 챙긴 행위를 뜻한다. 주식시장
에서는 몇 분, 몇 초 만에 매수와
매도를 짧게 끊고 나오는 매매법
을 말한다.

돌파의 형태

● 그림 3-30 돌파 - 눌림 - 상승형

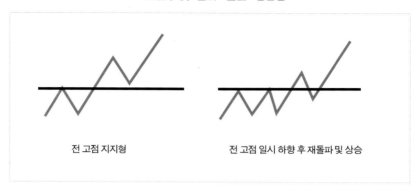

전 고점 지지형

전 고점 일시 하향 후 재돌파 및 상승

● 그림 3-31 돌파 - 상승형

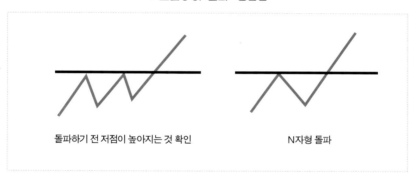

돌파하기 전 저점이 높아지는 것 확인

N자형 돌파

차트를 통해 돌파의 형태를 알아보자.

〈그림 3-32〉는 2024년 5월 23일 이오플로우의 1분 차트이다.

이오플로우는 가격이 하락한 후 저점에서 몇 번의 지지를 보여 주더니 결국에는 박스권을 상향 돌파하는 데 성공했다. 돌파하기 전 저점이 높아지는 것 역시 확인할 수 있다. 나는 당시 이미 저점에서 물량을 보유한 상태라 돌파매매에 참여하지 않았다.

대개 전 고점 부근에서는 돌파하려는 시도로 인해 대량 거래가 일어난다. 〈그림 3-33〉에서 보는 바와 같이 동 종목도 전 고점을 돌파할 때 거래 대금이 몰리는 것을 볼 수 있다. 전 거래일에는 고점을 돌파하려는 시도가 두 번 있었고, 당일이 되어서야 세 번째 시도 만에 성공한 모습이다. 이후 주가는 급등했다. 나는 동 종목을 다음 날 돌파와 눌림의 관점에서 다음과 같이 매매했다.

● 그림 3-33 에이티넘인베스트 1분 차트

● 그림 3-34 에이티넘인베스트 1분 차트 - 돌파와 눌림의 관점

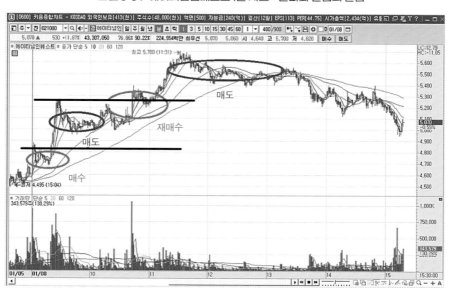

상승 돌파하고 잠깐 눌릴 때 매수하고 난 후 재차 상승할 때 적당 선에서 분할 매도하고, 또다시 재차 돌파할 때 동참한 다음 역시 적당 선에서 청산했다.

세 번째 돌파 시도는 물려도 참여해라

세 번 시도한다는 것은 전 고점을 돌파하려는 의지가 강하다는 뜻이며, 시장 참여자들의 공통된 심리가 반영된 결과이기도 하다. 따라서 시도해 볼 만한 타이밍이라 할 수 있다.

돌파하지 못하면 쌍봉이다

저점 대비 상당한 상승률을 보였는데도 불구하고 전 고점을 향해 갈 때 참여하는 것은 추격 매수에 불과하다. 대개 현란한 호가창의 움직임과 함께 마치 돌파하는 것처럼 대량 거래가 일어나니 투자자들은 쉬이 그 시세에 현혹되고 만다. 여기에서 돌파하지 못하면 주가는 쌍봉을 만들며 급락한다는 사실을 명심해야 한다. 이때는 참여하지 않고 관망하는 것이 최선이다. 저점 대비 상승률이 컸다는 것은 그만큼 기대수익률이 낮다는 의미이므로 참여하면 안 된다.

2024년 5월 24일 급등 중인 이오플로우의 1분 차트를 보자(《그림 3-36》).

11,600원에서 12,600원까지 단시간에 9%가량 상승한 후 큰 거래량과 함께 돌파했으나 더 이상 상승하지 못하고 급락하는 것을 볼 수 있다. 이런 매매에 단련된 사람들은 바로 손절로 대응할 수 있으나 시세에

● 그림 3-36 이오플로우 1분 차트(05.23~24)

현혹되어 돌파를 확신하고 들어가는 일반 투자자들은 큰 낭패를 볼 수 있는 상황이다. 따라서 저점 대비 상대적으로 많이 상승한 상태에서의 돌파는 참여하지 말아야 한다. 다시 한 번 강조하지만 쌍봉의 끝은 급락임을 잊지 말아야 한다.

전날인 5월 23일 이오플로우를 매매한 내역은 다음과 같다(〈그림 3-38〉).

앞서 이오플로우를 저점에서 이미 보유한 상태라 돌파매매에 참여하지 않았다고 언급했다. 나는 당시 아침 동시호가에 매수해서 1분여 만에 4%가량 급등할 때 전 고점 부근에서 전량 매도했다. 이후 주가가 급락하자 박스권 하단에서 분할 매수 후 지지선을 이탈하지 않음을 확인하고 주가가 상승하기만을 기다렸다. 주가는 몇 번의 저점을 지켜 준 후

● 그림 3-37 이오플로우 1분 차트(05.23)

종목명	수량	매입가	매도체결가	실현손익	수익률	수수료	세금	신용0
이오플로	81	13,448.11	13,640	13,235.2	1.22	320	1,988	
이오플로	63	13,448.11	13,630	9,674.16	1.14	240	1,545	
이오플로	5	13,448.11	13,620	717.46	1.07	20	122	
이오플로	115	13,448.11	13,610	15,340.51	0.99	460	2,817	
이오플로	2,021	13,448.11	13,600	249,308.43	0.92	8,190	49,474	
이오플로	1,715	13,448.11	13,590	194,451.68	0.84	6,940	41,952	
이오플로	5	12,410.59	13,020	2,930.05	4.72		117	
이오플로	3	12,410.59	13,020	1,758.23	4.72		70	
이오플로	10	12,410.59	13,020	5,840.1	4.71	20	234	

에 급등했으며, 나는 재차 전 고점 부근에서 청산했다. 이후 잠깐 눌릴 때 매수 후 짧게 수익을 내고 빠져나왔다. 〈그림 3-37〉에서 보는 바와 같이 박스권 상단에서는 철저히 매도로 대응했음을 알 수 있다. 10시 55분경 전 고점을 지지하지 못하자 마지막 물량을 청산하고 오전장 매매를 마무리했다.

저점에서 매수했다면 돌파 지점에서는 매도가 정석이다. 수익은 우선 챙기고 봐야 한다.

VI 활용 매매 팁

　10% 이상 주가가 급등 또는 급락 시 정적 VI가 발동되는데, 이때 약 2분간의 냉각기를 가진 후 동시호가를 접수하고 거래가 재개된다. 정적 VI에서의 매매는 특별한 루틴은 없지만 가급적 하지 말아야 할 트레이딩은 알아 둘 필요가 있다. 급등할 때 시도하는 돌파매매나 급락 시 하는 낙주매매가 그것이다.

　상하한가 폭이 30%로 바뀌면서 시장의 뜨거운 관심을 받는 종목들은 급등과 급락을 하루에도 수차례 VI를 동반하며 시장 참여자들의 관심을 불러일으킨다. 이때 첫 번째 상승 VI 시의 매매는 상황에 따라 자율적으로 행해도 되는 반면, 두 번째 상승 VI에서의 매수는 지양하고 적극적 매도 관점으로 대응해야 한다. 이와 반대로 첫 번째 하락 VI에서는 손절 또는 자율적으로 매매해도 되지만, 두 번째 하락 VI를 앞둔 상태에서는 과도한 낙폭에 대한 반등을 기대하고 매수 관점에서 대응하는 것이 좋다. 즉 두 번째 하락 VI가 오기 전부터 분할 매수로 참여하는 것이다. 다만 대형 악재 시에는 당연히 매매를 제한하고 관찰 모드로 돌아서야 한다.

변동성 완화 장치(VI)

급격한 변동성을 막기 위해 시행되는 제도로 상/하한가 폭이 15%에서 30%로 확대 적용되었다. VI는 주문 실수, 수급 불균형 등으로 인해 일시적으로 주가가 급변할 때 단기간의 냉각 시간(2분의 단일가 매매)을 부여하며 2분 후 동시호가로 체결된다. 즉 주가가 과열될 경우에 안정장치를 발동하여, 증시의 분위기를 안정시키는 역할을 한다.

VI은 정적 VI와 동적 VI로 나눌 수 있다.

● 정적 VI

주가의 변동폭이 ±10%일 경우 2분간 단일가 매매(동시호가)로 전환하여 체결시키는 것을 말한다. 주식의 시작가가 전일 종가보다 ±10% 이상일 경우에 발동된다. 증권사마다 정적 VI 발동 예상 가격 화면이 있다. 데이 트레이딩을 하는 투자자들은 장중 매매 시 이 점을 참고해야 한다.

● 동적 VI

동적 VI는 순간적인 수급 불균형 등의 문제로 인해 발생하는 가격 급등락(변동성 발생) 시 발동되는 VI 유형이다. 당일 주가 급등락 변동성이 2~6%가량 발생하게 되면 동적 VI 발동 조건이 된다.

종가 베팅

종가 베팅은 다음 날의 상승을 예측하고 당일 종가 또는 장 마감 직전 추세에 따라 장 마감 동시호가에 매매하는 행위를 말한다. 이 매매법은 상승장, 하락장, 횡보장에 따라 각기 다르게 대응해야 한다.

호재성 뉴스가 있는 개별 종목 또는 테마가 한창일 때의 종가 베팅과 이슈의 소멸로 시세가 꺾여 매수세가 현저히 줄어들었을 때의 종가 베팅은 완전히 다르다. 상승기에는 눌림, 상한가 따라잡기, 종가 베팅, 돌파 등의 매매를 활발히 할 필요가 있고, 반대로 꺾이기 시작하면 일시의 눌림일 수도 있으나 관망하는 게 좋다. 수익보다는 리스크 관리가 먼저다.

사람 심리상 상승 시에는 주가가 너무 높기 때문에 매수를 주저하다가 막상 하락세를 타기 시작할 무렵부터 관심을 가진다. 문제는 이 시기에 거래량이 줄어들고 시장의 관심이 완전히 멀어진다는 데 있다. 만약 이런 상황이 계속되어 물리는 일이 잦다면, 손실이 계속 이어질 수 있으므로 잘못된 매매 습관임을 인식하고 반드시 고쳐야 한다.

어떤 종목을 종가 베팅의
대상으로 삼아야 할까?

가장 확실한 종가 베팅은 상한가 따라잡기라 할 수 있는데, 이는 다음 날 어느 정도의 수익을 보장받을 확률이 높기 때문이다. 다음으로는 이슈가 있는 종목의 일간 차트상 눌림, 핫한 종목의 낙폭 과대에 따른 자율 반등을 기대하고 매수하는 방법 등을 언급할 수 있다.

모든 종가 베팅은 차트상 기준 봉(상한가 또는 대량 거래가 일어난 장대 양봉)이 그려진 상태에서 이루어진다는 것을 전제 조건으로 삼는다. 물론 다른 방법의 종가 베팅도 있을 테지만 이 방법이 투자자가 가장 쉽게 접근할 수 있고 수익의 확률이 높기 때문에 먼저 이 방법을 익히고 다른 매매법을 하나씩 배워 가는 것을 권한다.

어떤 종목을 종가 베팅의 대상으로 삼아야 하는가에 대해 구체적으로 말하자면, 먼저 호재성 이슈가 있는 섹터의 대장주여야 한다. 또한 개별 이슈 종목은 거래 대금이 많아야 한다. 그리고 대장주로서 특정한 이벤트를 앞두고 있는 종목을 대상으로 한다.

종가 베팅 하기 전에 다음과 같은 사항을 염두에 두고 매수를 진행하자.

첫 번째, 뉴스 또는 최근 이슈가 있는가?

두 번째, 같은 산업군의 종목들을 비교했을 때 우위를 점하거나

대장 역할을 하는가?

세 번째, 최근에 발생한 호재 또는 악재가 있는가?

네 번째, 현재 유행하는 테마 트렌드와 맞는가?

종가 베팅 시간과 체크 사항

주로 장중에는 눌림매매, 돌파매매, 상한가 따라잡기, 낙주매매 등을 하고, 장 후반인 오후 2시 이후부터는 종가 베팅할 종목을 찾는다. 이 시간이 중요한 이유는 오늘의 수익보다는 내일을 위한 매매 타이밍이기 때문이다.

가장 먼저 해야 할 것은 '이 종목이 대장인가?'를 체크하는 것이다. 그리고 머릿속으로는 '오늘 차트가 이렇게 그려진다면 내일 이렇게 그려질 수도 있겠구나', '이 종목은 주도주인데 오늘 어디까지 눌릴까?', '만약 내가 원하는 지점에서 멈춘다면?', '요즘 뜨거운 종목인데 낙폭이 너무 크면 자율 반등 측면에서 오버 나이트 할 만한가?' 등을 생각한다. 이런 식으로 여러 생각을 하며 판단하고, 내일 나에게 수익을 줄 종목을 선택한다.

피해야 할 종가 베팅

피해야 할 종가 베팅은 크게 세 가지로 분류할 수 있다.

a. 오직 차트만 분석하고 종가 베팅하기

보조 지표의 수치를 조정하거나 과거 주가의 흐름을 참고하여 다음 날 주가를 예측하는 것이다. 심하게 말하면 매우 우매한 투자법이라 할 수 있다.

종가 베팅은 이슈가 먼저다. 차트는 이슈에 의해 만들어지는 후행성 지표이지, 차트의 모양 때문에 주가가 상승과 하락을 하지 않는다. 어떤 이는 차트만 외우면 돈벼락 맞을 수 있을 것처럼 말하지만 현실은 그렇게 흘러가지 않는다.

어쩌면 보이지 않는 미래의 주가를 속 시원하게 이야기해 주니 투자자들의 마음이 편해질지도 모르겠다. 그러나 열에 하나라도 일치하면 이 방법이 정답인 양 확신을 갖는 우를 범할 수 있다. 주식 투자가 그렇게 단순하다면 왜 많은 사람이 손실을 입을까?

b. 2등주 종가 베팅하기

1등주가 상한가를 갔으니 남은 2등주를 종가 베팅하는 투자자들이 있는데 이는 더 큰 수익의 기회를 놓치는 것과 같다. 왜냐하면 다음 날 1등주가 상승해도 2등주는 하락할 수 있고, 상승한다 해도 그 폭은 그리 크지 않을 때가 많다. 즉 1등주를 매매하면 전상매매 관점, 즉 상한가 매매 관점에서 수익을 극대화할 수 있는데, 그 기간 동안 2등주에 집중하며 시간을 소비하고 오히려 손실로 끝날 수도 있다.

2등주는 1등주의 상승과 하락을 따라가는 경향이 매우 강하다. 수익과 손실을 떠나 1등주를 매매해야 하는 이유는 여기에 있다. 2등주는 장중에 1등주의 흐름을 파악해야 하지만, 1등주는 그럴 필요도 없다. 대장 한 종목에만 집중하며 트레이딩할 수 있고, 매매의 스킬 또한 늘게 된다.

2등주를 매매해도 좋은 시기

테마주가 처음 만들어질 때 1, 2등주 할 것 없이 단체로 상한가를 가는 경우가 많다. 다음 날도 결과는 나쁘지 않은데, 이럴 경우에는 2등주 매매를 해도 된다. 하지만 이외의 경우 2등주 매매를 하는 것은 수익은 물론이고 트레이딩 실력 향상에도 그리 도움이 되지 않는다.

c. 홀짝 베팅

모 아니면 도, all or nothing 방식으로 종가 베팅하는 형태이다. 장 마감 후 또는 다음 날 장 시작 전에 이슈의 결과가 나와 주가에 호재로 작용할 것이라 기대하고 베팅하는 것으로, 사실상 도박과 다름없다. 주가 등락에 크게 작용하는 이슈의 결론(의약품의 사용 허가 심사 결과 또는 기업의 운명에 결정적인 영향을 끼치는 발표 등)을 앞두고 베팅하는 것이다. 말 그대로 죽기 아니면 살기라고 해도 무방하다.

예를 하나 들어 보자. 2019년 2월에 제2차 북미 정상회담이 베트남 하노이에서 열렸다. 27일부터 1박 2일간 트럼프 미국 대통령과 김정은 북한 국무위원장 간의 두 번째 회담으로, 제1차 정상회담 이후 260일 만에 열린 만큼 기대도 컸다.

첫날은 친교 만찬을 하는 등 두 시간 넘게 두 정상이 만났고 분위기 역시 나쁘지 않았다. 언론도 우호적인 기사 내용을 속보로 전해 왔다. 하지만 다음 날 업무 오찬이 갑자기 취소되며 회담 결렬이 선언

2019년 2월 28일

2019년 2월 28일

되었다.

주식시장은 말 그대로 아수라장이 되었다. 금강산 관광 등 남북 경협주들이 일제히 급락세를 보였다. 당시 관련주 중 대표적인 두 종목의 일간 차트를 보자.

현대엘리베이터는 2월 28일 -18% 급락했고 종가는 당일 최저가로 마감했으며, 아난티 역시 -25%로 끝났고 장중에 하한가를 갈 것 같은 분위기를 연출했다.

그나마 남북 경협주들은 장중에 일어난 일이라 소식을 듣고 손절할 시간이 주어졌다. 나 역시 시장을 내내 지켜보다 급락을 피하지 못했지만 손절은 할 수 있었다. 이후 두 종목의 주가는 반등다운 반등 없이 1년 이상 하염없이 흘러내렸고, 여전히 주가를 회복하지 못하고 있다.

다음의 케이스는 장 마감 후에 주요 사항이 발표될 상황의 종목이다. HLB는 간암신약인 리보세라닙의 FDA 승인 기대감으로 2024년 3월 26일 장중에 사상 최고가인 129,000원을 기록하고 100,000원 내외에서 횡보하고 있었다. FDA 승인 결과는 한국 시간으로 2024년 5월 17일 새벽에 발표될 예정이었고, 투자자들은 신약 허가에 대한 기대감에 차 있었다.

하지만 5월 17일 8시 58분에 속보가 전해졌다(《그림 3-41》).

매도호가 잔량은 하한가에 쌓이기 시작했고 점하를 기록했다. 다음 날도 하한가로 시작해서 잠시 풀리긴 했으나 결국 2연속 하한가로

● 그림 3-41 2024년 5월 17일 HLB 관련 속보

● 그림 3-42 HLB 일간 차트(24.02~05)

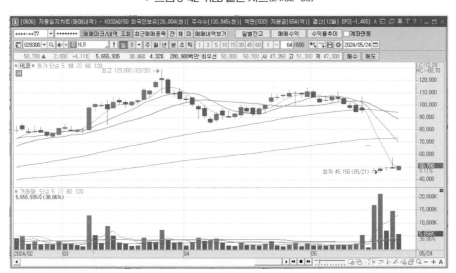

마감했다. 만약 미수나 신용 등의 레버리지를 활용했다면 깡통은 물론이고, 오히려 마이너스 예수금으로 증권사에 돈을 입금해야 하는 상황까지 올 수 있었다.

이러한 홀짝 베팅은 열에 아홉은 좋은 결과로 이어지지 않기 때문에, 아무리 전망이 좋을지라도 자신의 투자 원칙에서 배제해야 한다.

보통은 손실이 커지면서 급한 마음에, 한 방에 모든 손실을 복구하고자 할 때 이런 베팅을 하게 된다. 악재가 나올 수 있다는 이성적인 판단은 하지 못하고, 호재의 희망회로만 돌리는 것이다. 무슨 매매를 하든 베팅하기 전에는 '욕심을 부리는 것은 아닌가' 하고 한발 물러서서 바라봐야 한다. 한 호흡만 쉬어도 많은 게 새롭게 보인다.

다른 경우로는 호재가 발생하면 자신만 빠질 수 있다는 소외감에 기인한 베팅일 수 있다. FOMO로 인한 베팅의 결과는 언제나 주가의 꼭지였음을 기억하자. 나 또한 이런 경험이 있었고, 그 결과는 항상 좋지 않았다.

계좌가 한 방에 무너지는 이유

차곡차곡 수익을 쌓다가 한 번에 많은 손실을 입는 투자자가 적지 않다. 그들이 당하는 패턴은 대개 다음과 같은 형태다.

● 그림 3-43 분 차트 형태 1

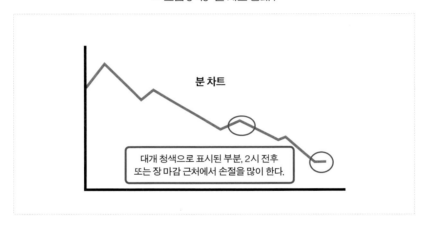

오전장에 진입해서 분할 매수로 대응했다면 큰 손실로 당일 매매를 마감하고 말 것이다. 이런 트레이딩 결과는 투자자로 하여금 자신감을 잃게 만들어 자칫 슬럼프에 빠지게 할 수도 있다.

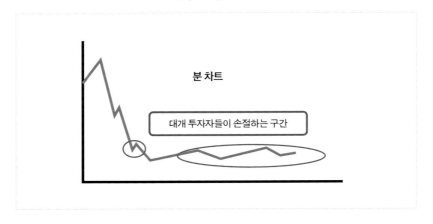

장 시작과 동시에 급상승 또는 갭 상승 혹은 급등시키는 듯하다가 한 순간에 물량을 쏟아 내며 급락시키는 형태인데, 이 또한 큰 손실을 입게 하는 케이스이다. 이런 경우는 장중 내내 옆으로 흐르는 모습을 보이며 트레이더로 하여금 지치게 만든다.

분 차트 1형의 경우에는 매수 호가에 많이 쌓인 반면 매도 잔량은 거의 없는 경우가 많은데, 이것은 달리 말하면 물량을 잡아먹겠다는 의미이기도 하다. 분 차트 2형의 경우는 어떤 세력 또는 주체가 수익을 실현할 때 자주 보이는 모습이다. 거의 모든 물량을 매도하고 난 후에는 〈그림 3-44〉와 같이 횡보하는 형태를 보이는데, 더 이상 매도 물량이 없다는 뜻으로도 해석할 수 있다.

분 차트 1형과 2형 모두 장중에 매수했다면 큰 손실을 입었을 것이므로, 이에 대한 대처법으로 정해진 라인에서 손절하거나 손실액을 정하는 것이 더 이상 계좌에 피해를 주지 않는 방법이다. 만약 손절하지 못했다면 특별한 악재가 없는 한 다음 날 어느 정도 반등할 확률이 높으므로, 오버 나이트 이후에 매도하는 것이 손실을 줄이는 최선이라 할 수 있다.

누구나 당할 수 있는 패턴이지만 이를 역이용해서 종가 베팅에 참여하는 것도 좋은 방법이다. 실제로 이런 형태의 분 차트는 계속 떨어질 것만 같은 흐름으로 두려움을 갖게 만들지만, 용기를 가지고 종가 베팅을 해 보면 다음 날 좋은 결과를 얻는 경우가 많다. 특히 1형은 매수 잔량이 많음에도 불구하고 주가가 계속 흘러내린다는 것은 매집의 성격이 있기에 다음 날 또는 며칠 후 상승할 확률이 높다.

이와 유사한 차트들을 살펴보자.
〈그림 3-45〉를 보면 아침 일찍 22%까지 급등한 후 계속 흘러내리고 있다. 결국 고가 대비 30% 이상의 갭을 발생시키며 마감했다.
만약 동 종목을 분할 매수 관점에서 트레이딩했다면 계좌에 큰 내상을 입었을 것이다. 또 더 이상의 손실을 줄이기 위해 많은 투자자가 손절로 대응했을 텐데, 다음 날 주가 흐름은 트레이더에게 마인드 측면에서 큰 내상을 입게 했을지도 모른다.
〈그림 3-46〉을 보면 전날의 장대 음봉을 더 큰 장대 양봉으로 감싸고 있다. 이것은 트레이더로 하여금 두 번 허탈하게 만드는 경우로서 이것을 털어 내기란 쉽지 않다. 사실 분할 매수를 한 자체가 잘못이다. 오

● 그림 3-45 YG PLUS 1분 차트[20.07.01]

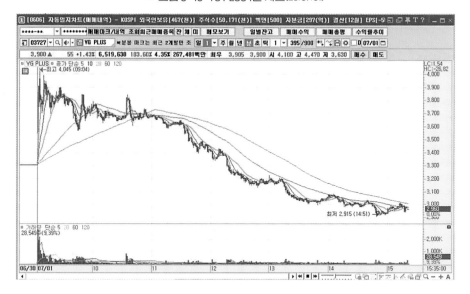

● 그림 3-46 YG PLUS 일간 차트[19.11~20.07]

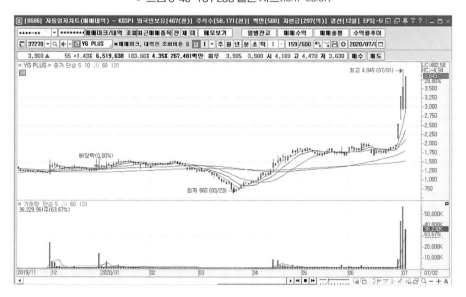

전에 주가가 급등했다면 접근 자체를 하지 말아야 한다. 만약 하루 고가 대비 30% 이상 하락했고, 종목의 이슈가 사라지지 않았다면 자율 반등 측면에서 장대 음봉이 나올 때 종가 베팅 관점으로는 매수해도 좋다.

드물게 일어나는 현상을 일반화하지 말자

YG PLUS 같은 종목의 사례에서 우리가 알아야 할 것은 오전 일찍 20% 이상 급등한 상태에서 조정 받을 때마다 분할 매수로 대응하는 것은 자살행위와 같다는 것이다. 물론 미친 듯이 더 오를 수도 있다. 그러나 이는 매우 드문 케이스이므로 트레이딩에 일반화하지 말아야 한다.

같은 종가 베팅 다른 흐름

아래는 그린생명과학(KPX생명과학)의 2020년 8월과 10월의 상한가 이후 흐름을 비교한 것이다.

● 그림 3-47 그린생명과학 일간 차트(20.05~10)

두 번 모두 상한가 이후 윗꼬리 음봉을 보였고, 종가 베팅의 관점에서 충분히 매수를 고려해 볼 만했다. 하지만 앞의 경우는 다음 날 다시 하락했고, 10월에는 재차 상한가를 시현했다. 두 경우에는 어떤 차이가 있을까?

2020년 8월 19일 CMO 원료의약품 관련 테마가 상승했고 그린생명과학은 이때 대장주 역할을 하며 상한가에 도달했다. 장후에는 거래소로부터 시황 변동 관련 조회 공시를 요구받았다. 대개 상한가 등 급격한 시황 변동으로 거래소로부터 조회 공시 요구를 받으면 투자자들의 심리는 위축되고, 특별한 호재가 없다면 하락으로 이어진다.

그린생명과학은 8월 20일 〈그림 3-48〉과 같은 조회 공시 답변을 내놓

● 그림 3-48 그린생명과학의 조회 공시 답변

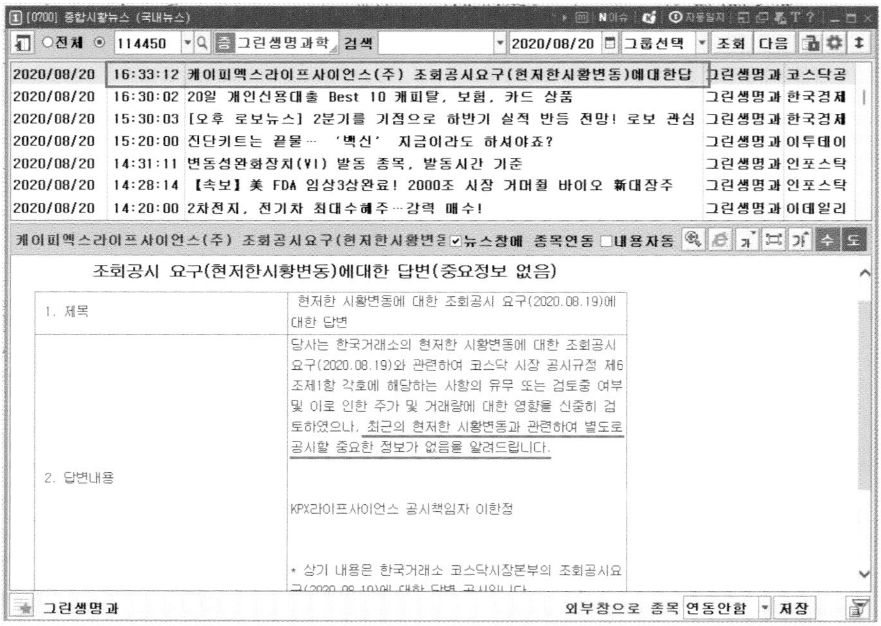

았고, 다음 날 그린생명과학의 주가는 더 하락세를 보였다.

이를 통해 배울 수 있는 점은 조회 공시 요구에 대한 답변을 해야 하는 종목의 종가 베팅은 하지 않는 게 좋다는 것이다. 호재성 공시가 나올 수도 있으나 이와 같이 테마로 상승한 종목의 공시 답변은 특별한 것이 없는 경우가 많다. 만약 상한가 따라잡기로 오버 나이트한 상태였더라도 답변 공시가 나오기 전에 매도하는 것이 좋다.

10월에 그린생명과학에 어떤 일이 일어났는지를 보자. 해당 종목은 10월 19일에 상한가를 갔는데, 그날 호재성 뉴스가 실렸다(《그림 3-49》). 이날은 거래소로부터 시황 변동에 대한 조회 공시 요구도 없었다.

● 그림 3-49 그린생명과학 10월 19일자 뉴스

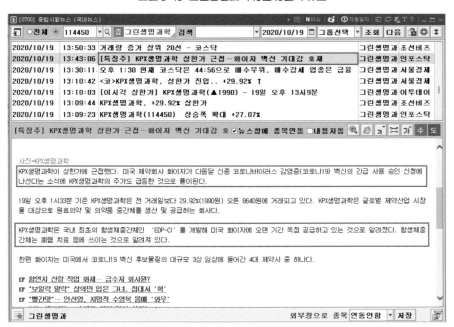

● 그림 3-50 그린생명과학 일간 차트[20.05~10]

다음 날 그린생명과학은 장중에 상한가를 한 차례 터치한 후 약 5% 상승한 채로 마감했다. 긴 윗꼬리를 단 음봉 마감이었다. 〈그림 3-50〉은 그린생명과학의 10월 20일자 일간 차트이다.

이와 같은 차트의 모양이 앞서 언급한 종가 베팅을 해 볼 만한 자리다. 해당 종목은 다음 날인 21일에도 상한가를 기록했다. 만약 종가 베팅을 했다면 큰 수익을 얻을 수 있었다.

테마주는 테마주답게

테마주는 기대감 또는 이슈에 의해 급등하는 경향이 강하므로 거래소의 조회 공시 요구에 해당 기업으로서는 마땅히 답변할 게 없다. 즉 테마주의 조회 공시 요구에 대한 호재성 답변을 기대하지 않는 게 좋다. 테마주는 테마주답게 매매해야 한다.

유레카

20여 년 전 가족 모두가 잠든 어느 날 새벽 3시, 몇 시간 동안 컴퓨터 앞에 앉아 차트와 보조 지표를 보던 한 남자가 마음속으로 환호성을 지른다. 몇 달 동안 퇴근하고 밤새우며 연구한 결과, 매매 기법을 발견한 것이다. 그는 부푼 마음을 애써 억누르지만, 다음 날 장에서 수익을 낼 생각에 잠을 이루지 못한다.

다음 날, 전날 수천 개의 종목 중 고르고 고른 주식들이 막상 장이 시작되자 예상대로 움직이지 않는다. 순간순간 변하는 호가와 보조 지표들, 연구 결과와 판이하게 움직인다. 그는 눈앞이 하얘짐을 느낀다. 그리고 다시 한 번 좌절을 맛본다.

그는 '이번뿐이겠지…' 하고 되뇌며 다음 날을 기약한다. 그러나 결과는 그대로다. 집에 처박혀 수많은 차트와 보조 지표를 설정하며 밤새워 연구한 그였다. 아빠로서 아이들과 놀아 주지도 않았고, 그저 본인만의 세상에 홀로 갇혀 있었다. 그는 주식 외의 일에는 도통 관심이 없었고, 그래서인지 무기력하게 항상 어깨를 축 늘어트린 채 다녔다. 그나마 동료들과는 이야기하곤 했는데 그 와중에도 그의 머릿속엔 온통 주식 생각뿐이라 그저 애써 미소만 지을 뿐이다.

지인의 얘기를 예로 든 것처럼 느꼈을 테지만 20년 전의 그 사람은 바로 접니다. 여러분은 어떠신가요? 이런 경험을 해 본 적 없나요?

주식 투자를 하면서 저를 가장 화나게 하는 일이 있는데, 그것은 바로 방송이나 유튜브를 통해 지나간 차트를 예로 들며 매매 기법을 설파하는 사람들을 볼 때입니다. 그 사람들 말을 들어 보면 모두 맞습니다. 그러나 그 사람이 찍어놓은 매수 타이밍과 매도 타이밍, 거기서 사고팔았어야 했다던 그 지점은 과거형이죠. 이미 지나간 차트에 매수점과 매도점을 찍는 일은 초등학생도 할 수 있습니다. 이런 방송을 듣고 얼마나 많은 사람이 밤새워 연구를 할 것이며, 얼마나 많은 시간을 고뇌하고, 얼마나 많은 좌절을 또다시 맛볼까요?

사실 지난 차트를 돌려 가며 설명하는 사람도 있어야 합니다. 공부가 되거든요. 제가 비난하고 싶은 대상은 그것이 마치 비법인 것처럼 회원들을 끌어 모아서 부를 축적하고, 주식 투자자들로부터 추앙을 받고, 심지어 인기 전문가로 불리는 사람들입니다. 도무지 이해하기 어렵습니다. 이런 사람들의 특징은 청산유수처럼 말을 너무나 잘한다는 겁니다. 때로는 확신 있게, 때로는 아픈 마음을 위로해 주듯이 또는 여러분도 할 수 있다고 자신감을 불어넣어 주기도 하지요. 고통받는 대다수의 투자자는 이들의 말을 듣고 그동안의 고생이 떠올라 눈물 콧물 다 쏟아냅니다. 그렇게 추종자, 맹신자가 되는 것이지요. 일부이겠지만 우리나라 주식 방송계의 암울한 현실이기도 합니다.

애널리스트는 어떨까요? 그들은 기업의 내용이나 전망, 기관과 외인의 매수 동향 등을 가지고 종목을 논합니다. 저 개인적으로는 이런 전문가들은 괜찮다고 봅니다. 그들이 해야 할 일이며, 우리는 이 정보를 참고 삼아 매수 타이밍을 결정해야 하죠. 물론 결과도 본인이 받아들여야 할 몫입니다.

문제 삼아야 할 사람은 이들이 아닙니다. 대다수의 투자자는 말초적인, 즉시 효과를 볼 수 있을 것 같은 기법 강의를 좋아합니다. 한마디로 매수 매도의 정답을 찾는 것이지요. 이 허점을 노리고 들어오는 많은 전문가가 생겨나고 있습니다. 그중 말 잘하는 사람들은 스타가 되기도 합니다. 결국 이것이 소비자들을 이런 길로 이끌었습니다. 추천 종목과 기법에 대한 갈구, 반면 트레이딩 공부에 대한 게으름을 만들어 낸 것이죠.

저 역시 매매 기법을 부정하지는 않습니다. 오히려 누구에게든 확실히 "있다"고 자신 있게 이야기할 수 있습니다. 그러나 이것이 어떠한 수치 설정과 대입에 의한 결과물 도출, 차트와 보조 지표에 의한 매수 매도의 정확한 지점, 말도 안 되는 이동평균선에 의한 매매 시점 등을 뜻하지는 않습니다. 물론 가끔은 맞히겠지요. 마치 고장 난 시계가 하루에 두 번은 정확히 맞는 것처럼요.

전업 초보 시절, 그러니까 15년 전쯤 되었을 겁니다. 가끔 빅 트레이더들의 매매일지나 영상을 보면 하나같이 "비법은 없다"고 말합니다. 그럼에도 그들은 모두 크게 수익을 냅니다. 저는 그때 그들이 어떤 종목을 매수했는지를 가장 궁금해 했습니다. '왜 이 종목들을 매매했을까?', '어느 지점에서 어떤 이유로 매매를 했을까?', '이것을 연구했을까?', '보조 지표를 어떻게 이용했을까?', '혹시 MACD나 스토캐스틱을 활용했을까?' 이런 허무맹랑한 것들은 생각하지도 않았습니다.

그 고수들에 비할 바는 아니었지만 저도 월에 1000만 원씩 수익을 올리고 있을 때였습니다. 매매하는 종목들이 비슷했고, 매매법 또한 대동소이했지요. 그러나 수익금이 달랐고, 어떤 종목들에서 저는 손실을 봤는데 그들은 수익을 냈습니다. 바로 이것이 차이였을 겁니다. 고수와 하수의 차이. 결국은 완성도의 차이가 아닐까 합니다.

저의 매매는 보통 서너 가지, 많아야 다섯 가지로 세분화할 수 있지만, 그것들이 모두 독립된 완전히 다른 방법은 아닙니다. 달리 말하면 서로 연관되어 있죠. 유기적인 관계에 있기 때문에 어쩌면 매매 기법은 한 가지로 봐야 되지 않을까 합니다.

지지와 저항을 이용한 매매와 종가 베팅 관점의 트레이딩에 대해 이야기해 보겠습니다. 제 매매법 중 많은 부분이 여기에서 파생되었다고 해도 과언이 아닙니다. 그리고 이것들을 조금이나마 엿볼 수 있게 과거의 매매일지를 소개하겠습니다. 이를 통해 보는 게 이해가 더 빠를 거라 생각합니다.

전업 초보 시절 이후 7년의 시간이 흐른 2017년의 일지입니다.

코오롱 자회사 티슈진 상장 이슈로 2연상.
아침에 코오롱 그룹주 변동성에 주의하라는 뉴스가 나왔다.
시장 참여자들로 하여금 불안감 조성.
그러나 급등주는 그냥 죽지 않는다. 매매 찬스.

a. b, c 라인을 지지선으로 정했다. 여기서 a는 전날 시가, b는 일봉상 돌파하기 전 고가, c는 전전날 종가다. a 라인 위에서 시작했으나 빠르게 급락하

EPISODE 08

● 그림 3-51 코오롱글로벌우 일간 차트(17.04~11)

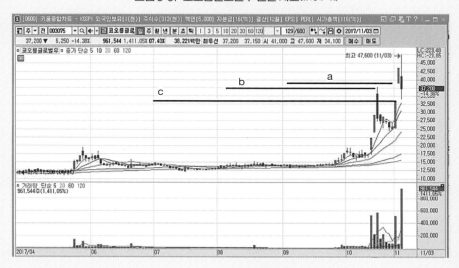

● 그림 3-52 코오롱글로벌우 1분 차트(11.03)

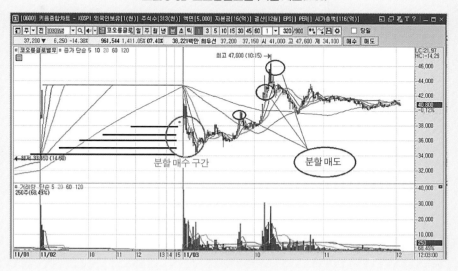

자 b 지점부터 분할 매수를 시작했다. 최종 지지선인 c 지점까지는 가격 괴리율이 커서 중간 라운드 피겨 가격대에서 분할 매수를 여럿 걸어 놓는데 결국 전량 체결되었고 총 3,000주를 보유하게 되었다.

결과적으로 거래량 대비 적정 수량, 아니 사실은 좀 적다고 느꼈다. 코오롱글로벌우는 거래량이 없는 종목이라 많이 베팅하기에는 리스크가 너무 크다.

분할 매도 구간은 파란 원으로 세 군데 표시했으나, 실제로는 크게 상승할 때 수차례에 걸쳐 분할 매도를 했다. 가장 지루하고 고민되는 구간은 1차 매도 후 38,000원대에서 횡보할 때. 20분 정도로 짧은 시간이지만 데이 트레이더에겐 몇 번의 등락이 있을 수 있는 시간이다. 이때 전 저점 근처까지 떨어진다면 오히려 더 사고자 대기하고 있었다.

1차 매매 후 1000만 원 이상 수익을 실현했으나 오후장에 다시 건드려서 몇 백만 원을 손절했다. 결국 1000만 원 조금 못 미치게 수익을 얻었다.

두 번째 종목은 롯데지주. 종가 베팅에 이은 다음 날 트레이딩을 했다.

롯데지주는 기업 분할 후 재상장 이슈가 있었고, 이에 대신증권은 장중에 목표가를 9만 원대로 설정했고 주가는 급등했다. 종가의 낙폭이 크다.

장이 끝나자 신동빈 회장이 10년 구형을 선고받았으며, 오버행 이슈로 49,000원까지 내려갈 수 있다는 뉴스가 떴다. 시간외단일가 역시 급락했고 시장 참여자들은 불안에 떨었다.

여기서 짚고 넘어가야 할 것이 있다. 검찰의 10년은 구형일 뿐 법원의 선고가 아니라는 점이다. 이재용 회장과 최태원 회장이 감옥에 있을 때도 삼성전자와 SK의 주가는 나쁘지 않았다.

● 그림 3-53 롯데지주 일간 차트(17.06~10)

● 그림 3-54 롯데지주 1분 차트(10.31)

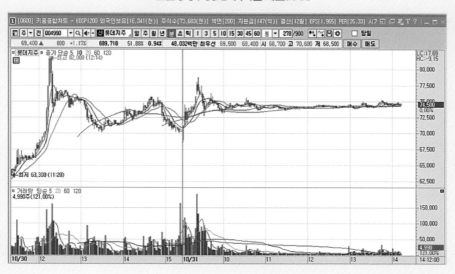

결론: 재상장으로 시장의 관심이 많고, 거래량은 폭발했다. 이대로 끝날 종목이 아니다.

나는 종가 부근에서 매수하고 시간외단일가상 저점에서 추가 매수를 했다.
다음 날 전일 시간외단일가 저가와 종가 사이에 시가가 형성되었다. 그리고 장이 시작하자마자 저점 대비 미친 듯이 급등했다(14%). 나는 이 지점부터 분할 매도를 몇 차례 진행하면서 전량 물량을 청산했다. 그러고는 쳐다도 보지 않았다. 최종 수익은 2000만 원 정도였다.
이틀간의 매매로 이슈가 좀 사그러들 것 같아 이날 이후 한 번도 거래하지 않았다. 두 번의 거래에서 내가 느낀 건 이렇다. '역시 공포의 구간에 진입해야 수익도 크고 승률도 좋다.'

한 번 정리해 보죠.
코오롱글로벌우의 매매에서 볼 수 있듯 호재성 이슈로 2연상을 갔지만 거래대금이 많지 않아 급등락이 심한 경우의 매매는 분할 매수 구간을 좀 더 넓게 잡을 필요가 있습니다. 호가창의 시세만 보고 대응하는 것이 아니라 며칠 전의 차트를 보고 지지선과 저항선을 참고해서 트레이딩한다면 훨씬 더 좋은 결과를 얻을 수 있습니다.

롯데지주의 일간 차트를 보면 전일 윗꼬리가 긴 형태로 종가를 형성했는데 이런 종목들은 종가 베팅의 대상 종목이 되며, 그 기대 수익 또한 적잖은데 모두 그런 것은 아니니 주의가 필요합니다. 고점 대비 종가 간 괴리율이 크다고 무조건 좋다는 것은 아니란 뜻이지요.

종가 베팅해야 할 종목은 시장의 관심이 많고, 이슈가 있는 종목이어야 합니다. 또한 떨어지면 다시 사겠다는 참여자들의 심리가 클 때 그 성공 확률은 더 높아진다고 할 수 있습니다.

오버행

주식시장에서 언제든지 매물로 쏟아질 수 있는 잠재적인 과잉 물량을 의미하는 용어이다. 통상적으로 주가에 악재로 작용한다.

예컨대 대주주의 보호예수 기간이 만료된 종목이나 채권단이 자금 회수를 위해 담보로 잡은 주식을 처분할 것으로 예상되는 종목들은 오버행 이슈가 발생해 주가에 부정적 영향을 미친다.

있는 그대로를 보라

드라마 〈대장금〉에서 정 상궁은 어린 대장금에게 음식에 어떠한 것이 들어 있
는지를 묻습니다.

"무슨 맛이 나느냐?"

"홍시 맛이 나옵니다."

"어찌 홍시라 생각하느냐?"

"저는… 제 입에서는 고기를 씹을 때 그냥… 홍시 맛이 나서 홍시라 말한 것
이온데…"

"호오! 그렇지. 홍시가 들어 있어 홍시 맛이 난 것을 생각으로 알아내라 한 내
가 어리석었다."

모두가 그런 건 아니지만 매매할 때 너무 경직되어 있는 것 같습니다.

"왜 매수했나요?"

"그 자리는 어떻게 해석해야 하나요?"

"이후 대응 라인은 어떻게 설정하나요?"

"그 자리는 매수 자리가 아닌 것 같은데?"

이렇게 특정 현상의 확실한 해답을 찾으려 하고, 어떠한 공식 혹은 패턴을 외
우고 나서 거기에 부합되지 않으면 그 상황을 이해하지 못하고 받아들이지 않

으려 합니다. 그리고 나서 밤새도록 차트를 돌려가며 공부합니다. 나는 열심히 공부했으니 금방 잘해질 거야 하고 스스로를 위로하며 말이죠.
그런데 묻고 싶습니다. 무슨 공부를 하고 있나요? 혹시 정답을 찾는 작업을 하고 있지는 않나요? 그러나 안타깝게도 그사이 시장은 등락을 거듭하고, 트렌드도 바뀌어 있을 것입니다. 언제까지 실패를 거듭 반복할 건가요?

실패를 반복하는 이유는 공부의 방향이 잘못되어서입니다. 2017년 당시 티슈진 매매일지를 통해 공부하는 방법을 요약해 보여 드리겠습니다.
티슈진은 제약 바이오 회사로 골관절염 치료제를 만들고 있으며 임상 3상을 준비 중이었습니다. 당시 해당 회사는 상장한 지 얼마 되지 않았습니다.

● 그림 3-55 2017년 11월 8일 티슈진 매매일지

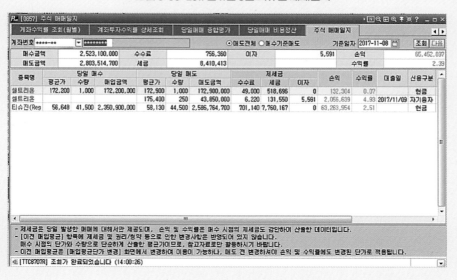

저는 이렇게 매매일지를 남겼습니다.

> 어제 가지고 온 물량은 3,000주. 장 시작 전에 설정해 놓은 지지선에 매수 대기.
> 시초가 추가 매수 후 지지선 몇 개 안 남기고 모두 체결.
> 순간 마이너스 몇 천만 원. 그런데 걱정되지는 않는다.
> 저점 찍고 반등할 때 계속 분할 매도. 최종 61,000원대에서 전량 매도 체결. 수익은 5000만 원 남짓.
> 이후 급락과 횡보 이후 반등할 때 소량 매수 후 매도. 짧은 구간에서 매매해서 수익 본 게 1000만 원 조금 넘은 듯하다.

매매하기 전 티슈진은 공모가 대비 두 배 오른 상태였습니다. 애널리스트의 평가는 설왕설래였지요. 좋다와 나쁘다 사이를 오갔습니다. 해당 종목은 매매하기 전날 2000만이라는 거래량을 동반하며 상한가를 갔습니다. 여기서 하나 체크해야 합니다. 시장 중심주라 할 수 있나? 여기에 저는 많은 트레이더의 관심을 받고 있으니 이슈의 중심에 있는 건 분명하다고 생각했습니다. 관련 업종의 주가는 어떠한지도 체크했습니다. 신라젠과 앱클론은 그동안의 상승 피로감 때문인지 하락 쪽으로 방향을 잡고 있었습니다.

이제 호재와 악재를 정리해 봅니다.

[호재]
오늘 인보사 시판. 시장 관심 많음. 거래량 많음. 수급 좋음. 임상 3상 준비 중

[악재]
공모가 대비 너무 많이 오름. 근본적 치료제는 아님. 진통 효과는 2년

어느 정도 파악했으니 매매 시나리오를 머릿속에 그려야 합니다. 플랜 A, B, 필요하다면 C까지. 고려할 것은 다음과 같습니다. 매수는 어떻게 할 것인가, 지지선이나 저항선은 있는가, 얼마나 매수할 것인가?

제가 생각하는 공부란 이런 것입니다. 이것만 해도 머리가 복잡할 겁니다. 여기에 차트 공부는 필수입니다. 물론 너무 공식화하면 매매가 힘들어지니, 5일선을 따라 급등하고 있구나, 20일선을 지지하는구나, 거래량이 줄었구나, 이런 정도로 가볍게 파악하는 게 좋습니다. 정작 중요한 것은 실전 트레이딩입니다.

홍시에서 왜 홍시 맛이 나느냐고, 분석해 보라고 말하지 마십시오. 보이는 대로 믿고, 안 보이는 것은 찾으려 하지 마십시오. 있는 그대로를 받아들여 어떻게 대응할지를 생각해야지, 왜 홍시는 홍시 맛이 날까에 집착하고 여기에 대해 공부하지 말길 바랍니다. 저의 공부법은 예전이나 지금이나 같습니다. 그리고 앞으로도 그렇게 할 것입니다. 차트에 너무 깊이 빠져들면 핵심을 놓칠 수 있습니다.

눌림매매에서 종가 베팅까지

2025년 1월 금융투자소득세 시행 예정에 투자자들의 걱정이 이만저만이 아닙니다. 이런 영향 때문인지 미 증시는 연일 신고가를 갈아치우며 상승하는 데 반해 국내 증시는 답보 상태를 면하지 못하고 있습니다. 특히 엔비디아는 어닝 서프라이즈 달성과 함께 주식 분할 호재로 사상 처음 1,000달러를 넘어섰지요. 투자자 입장에서 미 증시의 활황세가 부럽기만 합니다. 국장과 달리 미장은 장기 투자를 할 만합니다. 국내 주식을 주로 하는 저로서는 의욕이 많이 꺾이는 것 또한 사실입니다. 지금도 미 증시의 신고가 행진으로 국내 자금이 해외로 빠져나가는 상황에서 금융투자소득세까지 시행된다면 더욱 가속화되겠지요.

금투세에 대한 저의 생각은 뒤에서 다시 다루고 눌림에서 종가 베팅을 어떻게 이어 가는지 매매일지를 통해 알아보겠습니다. 전일 미국 솔라에너지의 급등 때문인지 국내 태양광 관련주들이 하나같이 올랐는데, 특히 HD현대에너지솔루션은 대장주로서 장 시작 후 30분도 안 되어 상한가로 문을 닫았습니다. 아쉽게도 상한가 따라잡기는 하지 못했지만요.
HD현대에너지솔루션은 대장주인 만큼 전상매매 관점에서 충분히 트레이딩 할 만하다 판단했습니다. 그래서 시초가가 낮게 형성되기를 바랐죠. 그래야 매매할 구간이 생기니까요.
9시가 되자 동시호가의 예상 시초가가 공방을 보이다 5% 정도에 형성되었습니다.

● 그림 3-56 2024년 5월 24일 HD현대에너지솔루션 1분 차트 - 1

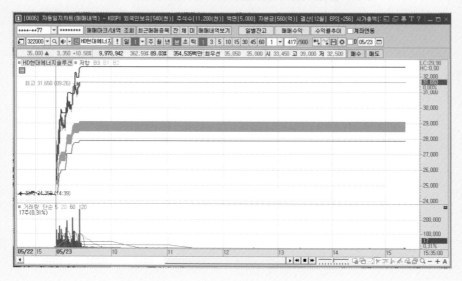

1차는 두 차례에 걸쳐 33,350원과 32,650원(평균 매수 단가 33,000원)에 매수했고 33,900원과 34,700원(평균 매도 단가 34,300원)에 분할 매도했는데, 이후 주가는 23%까지 급등했습니다. 이럴 때는 아쉬운 마음을 감출 길이 없습니다.

2차는 23%까지 급등한 주가가 다소 리스크 있다는 판단 아래 장중 눌림 가격(7~8%)으로 떨어진 36,500~36,000원대에서 분할 매수했습니다. 이후 5%가량 반등했고, 저는 3% 수익

장중 눌림매매 시기

보통 장중 눌림매매는 한 종목당 1, 2회가 적당하다. 왜냐하면 눌림 후 반등의 확률은 오후장에 비해 오전장이 높은데, 만약 세 번이나 눌림의 자리가 온다면 이미 오후가 되었을 가능성이 높다.

많은 트레이더가 오후장 마감에 가까워질수록 매매를 마무리하려는 경향이 강하기 때문에 반등 또한 약하고, 오히려 주가가 하락할 염려가 있다.

HD현대에너지솔루션의 경우 오전 10시 30분 이전에 세 번째 눌림매매의 기회가 왔기 때문에 진입한 케이스이다.

● 그림 3-57 2024년 5월 24일 HD현대에너지솔루션 1분 차트 - 2

선에서 익절했습니다.

사실 3차 매매는 하지 않으려고 했습니다. 그런데 아직 시간이 이르기에 한 번
더 하기로 했지요. 35,000원에서 34,750원 사이에 분할 매수하고 작은 수익을
내고 나왔습니다. 이후 주가는 몇 시간 동안 지지부진하게 움직이더니 서서히
하락세를 보였습니다.

태양광 이슈가 아직 살아 있는 상태이기에 종가 베팅하는 것도 나쁘지 않아
보였습니다. 1분 차트상 종가 베팅 라인에 두 번에 걸쳐 분할 매수 대기를 걸
었습니다. 이 중 1차분인 2,000주만 체결되었습니다. 2차 매수까지 오기를 기

● 그림 3-58 2024년 5월 24일 HD현대에너지솔루션 1분 차트 - 3

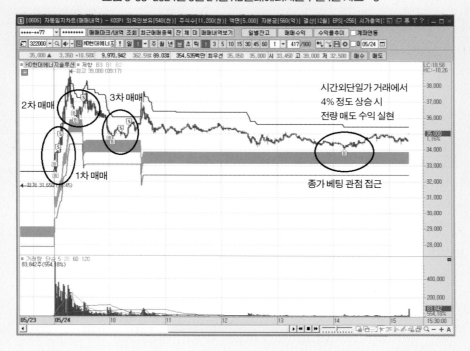

다렸으나 결국 오지 않았고, 저는 지루함과 피곤함에 지쳐 잠이 들어 버렸습니다. 깨어났을 때는 이미 장이 마감되어 있었고, 시간외단일가 거래가 진행되고 있었습니다.

결국 2차 매수분은 체결되지 않아서 2,000주를 보유하게 되었고, 다음 날에는 다른 종목에 집중하고자 시간외단일가 거래상 3% 이상 급등한 지점에서 전량 매도했습니다. 4% 수익이니 결코 적지 않았습니다.

● 그림 3-59 시간외단일가 매도 시점

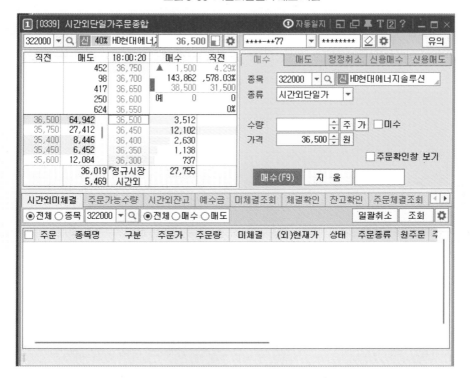

원 사이클 매매

전일 비록 상한가 따라잡기를 하지 못했지만, 만약 했다면 상한가 따라잡기와 눌림매매 그리고 종가 베팅까지 이어지는 원 사이클 매매가 완성된다. 나는 이 매매 방식을 즐겨 구사하며, 앞으로도 그럴 것이다.

기회를 한 번 잡으면 절대 놓치지 말아야 한다. 거기에서 수익과 손실이 결정됨을 명심하자.

● 그림 3-60 HD현대에너지솔루션 시간외단일가 매매 손익

종목명	수량	매입가	매도체결가	실현손익	수익률	수수료	세금	신용이
HD현대에	37	34,875	35,500	20,381	1.58	380	2,364	
HD현대에	1	34,875	35,500	562	1.61		63	
HD현대에	14	34,875	35,500	7,716	1.58	140	894	
HD현대에	50	34,875	35,500	27,536	1.58	520	3,194	
HD현대에	60	34,875	35,500	33,046	1.58	620	3,834	
HD현대에	34	34,875	35,500	18,728	1.58	350	2,172	
HD현대에	3,000	34,875	35,100	453,980	0.43	31,480	189,540	
HD현대에	1,000	34,050	35,750	1,625,190	4.77	10,460	64,350	
HD현대에	1,000	34,050	36,500	2,373,730	6.97	10,570	65,700	

[1] [0328] 실현손익 - 일별 종목별 실현손익

당일실현손익상세 종목별당일손익 **종목별실현손익** 일별실현손익

계좌번호 ****-**77 ▼ 더트레이딩 ◉일자 2024/05/24 ○기간 2024/05/25 ~ 2024/05/25 조회

종목코드 322000 ▼ Q 신 HD현대에너 실현손익 15,062,412 총수익률 2.40% 다음

＊ 실현손익합계는 당사 계산에 의한 추정치이며, 수수료는 체결시 수수료율로 적용됩니다. 체결별 ▼

＊ 일자별실현손익은 최근 1년까지만 조회가능하며, 누적조회기간은 최대 3개월까지만 조회가능합니다.

조회가 완료되었습니다.　　**시간외단일가**

금융투자소득세에 대해 소신 발언하자면, 저는 오히려 국내 주식 투자자들을 얽맬 것이 아니라 어드밴티지를 줘야 한다는 입장입니다. 국내 자금이 해외 증시로 빠져나가는 상황입니다. 만약 투자자들 사이에서 한반도의 지정학적인 리스크를 안고 지지부진한 상태의 국내 증시만을 고집할 이유가 없다는 생각이 확산된다면 어떻게 될까요? 큰 자금을 굴리는 사람들뿐만 아니라 소액 투자자들도 해외 투자 행렬에 동참할 것입니다. 결국 패닉 셀을 불러일으켜 증시가 폭락할 수 있는데, 이때 개인 투자자들이 공포에 못 이겨 어쩔 수 없이 우리 주식을 싼값에 기관이나 외국인 투자자에게 넘기는 현상이 일어나지 않을까 심히 우려됩니다.

한국경제에서 최근 증시 관망 자금이 350조 원으로 역대 최대라고 밝힌 바 있습니다. 주식시장의 여건을 살피는, 투자하기를 주저하는 상황이라고 할 수 있겠지요. 이런 상황에서 금융투자소득세가 시행된다면 150조 원가량이 해외로 빠져나갈 것이라 합니다.

소득에 과세하는 것은 당연합니다. 하지만 우리나라는 북한의 위협이 상존하고, 열강에 둘러싸여 있다는 점을 간과해서는 안 될 것입니다. 이러한 리스크가 대부분 희석되거나 해소될 때 시행해야 하지 않을까요? 지금은 오히려 국내 주식 투자자들에게 그것이 무엇이 됐든 당근책을 시행해서 자금이 해외로 빠져나가지 않도록 할 때입니다. 이 책이 출간될 즈음 금융투자소득세에 대한 결론이 나겠지요. 부디 합리적인 선에서 마무리되었으면 합니다.

전상매매

상한가 따라잡기 못지않은 수익을 얻을 수 있다

　상한가 따라잡기를 하는 이유는 다음 날 시초가 갭 상승의 수익을 얻기 위함이다. 그런데 만약 상한가 따라잡기를 하지 못했다면 그 시점에서 우리가 할 수 있는 건 없는 걸까? 나만 매매하지 못했다는 소외감에 우울해 하기만 해야 할까? 그렇지 않다. 상한가 따라잡기를 하지 못했다면 차선책으로 전상매매라는 답안지가 있다. 전상매매 역시 상한가 따라잡기 못지않은 수익을 얻을 수 있다.

　전상매매는 '전일 상한가 종목을 대상으로 매매하는 방식'의 줄임말이다. 전상매매의 방법은 몇 가지 정형화된 틀이 있는데, 처음 접하는 독자가 많을 것이므로 우선 이 틀에 맞게 기계적으로 매매를 해 보는 걸 권한다. 당연히 이때의 금액은 소액이어야 하며, 추후 자신만의 트레이딩으로 자리 잡는다면 그때 금액을 키우면 된다.

이 방법은 내가 수없이 해 본 끝에 만들어 낸 결과이고 가장 효과적인 매매의 틀이라 할 수 있다. 초보 투자자이거나 처음 접하는 투자자라면 정형화된 매매부터 해 본 후에 변칙을 익히길 바란다. 정석이 있어야 변칙이 가능하다. 또한 변칙이 자신에게 수익을 더 가져다준다면 그것이 본인에게는 정석이 될 수 있다. 그렇게 비중 조절이나 다른 디테일을 섞어 더 확률이 높은 매매법을 만든다면 금상첨화일 것이다.

데이 트레이더 고수들은 강한 종목이 더 강하다는 것을 전제로 하여 시세의 연속성을 기대하고 상한가에 도달한 종목을 적극적으로 거래한다. 이 매매법은 상승장에서 더 큰 위력을 발휘하는데, 내가 코로나 시기의 상승장에서 큰 수익을 낸 것도 상한가 따라잡기와 전상매매의 트레이딩이 주효했기 때문에 가능했다.

하락장에서는 상한가 종목이 다음 날 갭 상승이 아닌 갭 하락으로 출발하기도 하는데, 이때 전상매매는 다른 매매법보다 훨씬 매력적이라고 할 수 있다. 하락장 때는 상한가 따라잡기 수익이 크지 않거나 오히려 당일 상한가를 시도하다가 풀리는 경우도 많다. 이런 흐름이 당분간 계속될 때는 약세장이라고 판단하여 상한가 따라잡기를 자제해야 한다.

이처럼 상한가 따라잡기가 잘 통하지 않는 시장에서는 굳이 시도하기보다는 다음 날 추이를 보며 전상매매를 하는 것이 계좌 관리 면에서 더 현명하다고 할 수 있다. 이 매매법은 아침 또는 오전장에만 활용하기 때문에, 컴퓨터 앞을 떠나 여유롭게 아침 겸 점심을 먹는다는 의미로

'브런치 매매'라고 부르고 있다. 큰 욕심을 부리지 않고 전상매매만 갈고 닦아도 좋다. 이처럼 인생을 즐기면서 하는 매매도 없을 것이다.

 이 트레이딩법은 많은 기간에 걸쳐 시장 상황을 경험해야 비로소 자신만의 비기로 만들 수 있음을 명심해야 한다. 즉 처음 익힐 때는 정형화된 틀에 근거하여 매매에 적용하고, 시장 분위기와 트렌드 그리고 이슈에 따라 변화를 주면서 보다 유연하게 대응할 줄 알아야 한다는 의미이다. 전상매매는 기본적으로 자유 매매 영역에 속한다. 달리 말하면 개인의 능력에 따라 수익과 손실의 편차가 크기 때문에 소액으로 훈련할 필요가 있다. 너무 큰 욕심을 부리지 말고 수익을 내기보다는 본전에서 나오는 것부터 시작해 보자.

전상매매 전 체크 사항

(1) 무슨 이슈로 상한가를 갔나
- 현재 시장에서 인기 있는 이슈의 종목을 거래해야 한다.

(2) 1등주인가? 2등주의 흐름은 어땠나?
1등주가 상한가인 상태에서 2등주의 흐름이 어땠는가를 파악한다. 2등주가 1등주 못지않게 상승했다면 보다 긍정적인 시선으로 매매에 임하자.

(3) 수급의 주체 또는 주 매수 창구는 어디인가?
갭 상승에 물량을 던지고 나가는 거래원인가, 아님 장중 내내 트레이딩을 하면서 매매할 구간을 많이 주는 창구인가?

나의 루틴 중 하나는 상한가를 간 종목의 거래원을 살피고, 2등주의 흐름을 파악하는 것이다.

전일 상한가 종목을
매매하기 전에 고려할 사항

전일 상한가 종목을 매매하기 전에 다음과 같은 사항을 먼저 고려해야 한다.

첫째, 테마주라면 대장주인가를 살펴야 한다. 개별 이슈를 동반한 상한가 종목이라면 보통 1000억 원을 거래 대금의 기준으로 삼는데, 이는 시장 상황에 따라 바뀔 수 있다. 즉 상승장에서 다수의 시장 참여자로 인해 거래 대금이 많아졌다면 당연히 이 기준도 바뀌어야 한다. 상한가에 도달했을 때 거래 대금이 2000억 원 또는 3000억 원 이상인지를 확인할 필요가 있다.

둘째는 악재가 있는지 여부다. 장 마감 후 돌발 악재가 있는지 여부를 보고, 그것이 종목 자체에 대한 본질적인 악재인가를 판단하자. 투자를 하다 보면 어떠한 테마가 비이성적으로 급등할 때 금융감독원 등에서 철저히 주시하고 있다는 등 경고성 메시지가 뉴스를 통해 내보내지곤 하는데, 보통은 워딩에 그친다. 다시 말해 이것은 종목 자체에 대한 악재가 아니라 시장 참여자들과 상한가 따라잡기를 한 사람들의 불안 심리를 자극하는 것으로, 본질적인 악재와는 무관하다. 따라서 이러한 종목들은 다음 날 적극적으로 매매에 임할 필요가 있다. 고수들은 시장 우려에 대한 심리적 공포에 휩싸일 때 종목들이 급락을 하면 이를 수익 극대화의 기회로 판단한다. 그들은 이러한 테마나 종목의 트레이딩을 매우 즐겨 한다.

5% 룰과 비중 조절

주가 하락 시 4~6%의 등락률이 변곡점이 되어 흐름이 바뀌는 경우가 많다. 심리적인 이유가 클 것이다. 누군가는 고가 대비 -5%가 손절가일 수 있고, 또 다른 이에게는 매수를 고려해 볼 만한 가격대로 생각될 수 있다. 나 또한 평균 5%를 매수와 매도를 판단하는 데 있어 중요한 구간 으로 여기며, 이를 트레이딩에 자주 적용한다. 이번 꼭지에서는 이와 관 련한 매매 방식을 다루겠다.

나는 매매 시 원 샷 원 킬처럼 한 번에 매수하고 한 번에 매도하는 방 식보다는 분할 매수, 분할 매도를 선호한다. 수익의 극대화보다는 비중 조절을 통해 리스크를 해소하는 데 중점을 두기 때문이다.

이때의 비중은 1:1:1로 배분한다. 만약 본인의 예수금이 1000만 원이 라면 1:1:1의 비율로 베팅했을 경우에는 각각 300만 원씩 비중을 두는 것이다. 만약 두 배수 매수, 즉 1:2:6의 비율로 했다면 100만 원, 200만 원, 600만 원씩 분할 매수할 것이다. 주가의 흐름은 누구도 모르기 때문에 1차 매수만 했는데도 반등 및 상승하는 경우가 있고, 1, 2, 3차 매수 라인을 찍고 흐름이 바뀌는 경우도 있다. 내 경우 지금까지 매매해 온 경우의 수를 보았을 때 1차 또는 2차 부근에서 반등하는 케이스가 상당히 많았다. 만약 3차까지 매수되었다면 일부는 손절할 각오 또는 평균단가에서 리스크 관리 차원으로 비중을 덜어 낼 필요가 있다. 이는 심리적인 불안을 떨쳐 내기 위함이기도 하다.

그럼 수익률이 5%라고 했을 때 둘의 차이를 보자. 먼저 1차 매수만 했을 경우 수익은 300만 원×0.05=15만 원이다.

● 그림 4-1 1차 매수만 할 경우의 예

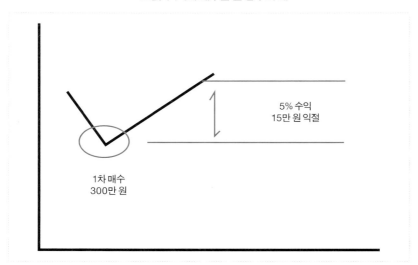

5% 수익
15만 원 익절

1차 매수
300만 원

두 번째는 100만 원, 200만 원, 600만 원씩 총 900만 원을 베팅한 후에 평균단가에서 리스크 관리를 할 때다. 절반인 450만 원을 매도하면 수익은 450만 원×0.05=225,000원이다.

● 그림 4-2 3차 매수까지 할 경우의 예

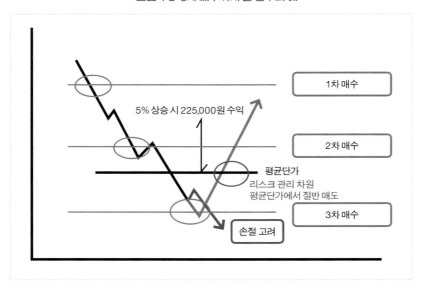

단순히 비교하면 두 번째 베팅 방식이 더 큰 수익을 얻지만, 이 트레이딩 과정에서는 심리적 불안, 손절 등도 고려해야 한다. 그랬을 때 두 번째 베팅 방식은 비기너에겐 그다지 훌륭한 트레이딩 방식이 아니다. 이는 투자 경력과 시장 판단이 가능한 트레이더에게 수익 극대화 측면에서 더 어울리는 매매라 할 수 있다. 즉 가성비 측면 및 보다 안정적인 매매 방식은 첫 번째가 더 나을 것이다. 이러한 비중 조절 스킬은 다양한 경험 및 시장 환경을 접하면서 순간순간 판단을 하며 익힐 필요가 있다.

본격적인 전상매매에 앞서 F존의 기본 개념부터 알고 넘어갈 필요가 있다. 주가는 당일 고점 대비 일정 정도의 하락을 하면 그 구간을 지지하고 반등할 확률이 매우 높다. 이 구간을 매수 가능 영역으로 'F존'이라 한다. 나중에 다루겠지만 고점 대비 -4~-6% 구간이 1차 매수가, 그로부터 다시 -4~-6% 구간이 2차 매수가가 되는데, 이 2차 하락 구간이 바로 'F존' 영역에 맞닿아 있다고 할 수 있다.

과거에는 선이나 타점에 방점을 두고 매수 가격을 찾는 공부를 했으나 정확한 포인트는 정할 수 없다는 사실에 나는 물론이고 많은 투자자가 공감했다. 그래서 나는 고민 끝에 처음으로 매수 가능 영역인 'zone'의 개념을 도입했고, 그것을 분 차트에 나타낼 수 있도록 했다. 차트상에 보라색으로 표시한 부분이 바로 'zone'이다. 일목균형표의 심플한 버전처럼 보일 테지만 원리와 활용 면에서 전혀 다르므로 혼동하는 일이 없도록 하자.

● 그림 4-3 당일 1분 차트

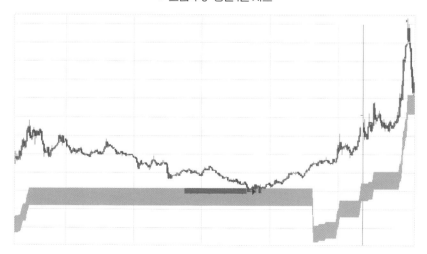

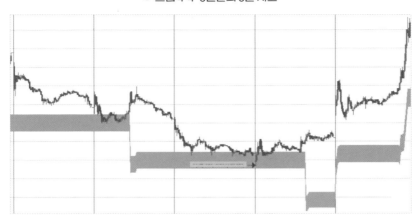

차트에서 보는 바와 같이 'F존'은 항상 그 자리에 있지 않고 반등이나 상승할 때 변동하며, 이에 따라 매수 가능 영역 또한 달라진다. F존 매매는 강한 종목에서 더 높은 확률을 보이므로 종목의 선택 또한 중요하다. 따라서 상한가를 간 종목을 트레이딩하는 전상매매에 있어서 F존의 역할은 더욱 중요하다고 할 수 있다.

'F존 매매법' 'SF존 매매법' 특허 등록

'F존 매매법'과 더불어 본문에서는 다루지 않았지만 상한가 따라잡기를 할 때 활용하는 'SF존 매매법'은 과거에 없었던 새로운 매매법으로서 특허청에 등록되어 있다. 실전 매매 시 HTS는 물론이고 MTS에서도 적용할 수 있어서 언제 어디서든 매매에 참고할 수 있다.

사실 주식 투자 기법을 특허 등록하는 것은 쉬운 일이 아니다. 2년에 걸친 각고의 노력 끝에 그 독창성을 인정받은 것이기에 그만큼 감개무량하고 감사하게 생각한다.

'F존'으로 이름을 정한 이유

내가 인터넷상에서 활동하는 닉네임인 '서희파더'에서 따왔다. 'Father'의 이니셜 'F존', 'Seohee Father'의 SF를 사용해 상한가 따라잡기존, 즉 'SF존'이라 명명했다.

시초가별 매매 전략

본격적인 내용을 다루기에 앞서 전상매매의 큰 틀, 기본적인 트레이딩 개념을 이해할 필요가 있다. 참고로 시초가가 어떤 상황에 있든 상관없이 적용이 가능하다.

먼저 고점 대비 -4~-6%에서 분할 매수를 하는데 그 구간을 지지하고 상승한다면 수익을 실현한다. 1차 매수밖에 안 했으니 수익금은 적을 테지만 매매의 출발이라 생각하면 결코 나쁘지 않은 결과다.

반면 반등하지 않고 재차 하락한다면 1차 매수 지점에서 다시 -4~-6% 구간을 매수 영역으로 설정한다. 그 이후 반등하면 매도하는데, 이때(두 번째 하락하고 지지받는 구간에서 반등할) 확률이 매우 높다. 이 구간이 앞서 언급한 'F존'이다.

이를 이용한 매매법은 전상매매에 있어서 중요한 참고 지표로써 앞으로도 자주 언급될 것이다. 이것이 전상매매의 큰 틀이라 할 수 있다.

이를 실전 매매에 어떻게 적용하는지 시초가별 상황에 따라 자세히 알아보도록 하자.

위기가 기회인 보합 출발

계속해서 강조하지만 기본 전제 조건은 대상 종목이 대장주여야 한다는 것이다.

보합 출발 시에는 3분할 매수를 원칙으로 한다. 우선 시초가에 1차 매수 후 바로 상승하면 +4% 내외의 적당 선에서 수익을 실현한다. 이후 주가가 탄력을 받아 급등하는 경우도 있는데, 그 상승분은 내 것이 아니라고 생각하며 보내 줄 줄 알아야 한다. 발매도했다는 자책을 할 필요가 없다는 것이다. 반대로 상승하지 않고 하락 조정을 보인다면 이제부터는 고점 대비 -4~6%를 기준 삼아 분할 매수로 대응하며 본격적인 트레이딩에 돌입한다. 동시호가에서 매수하고, 하락한다면 시초가 대비 -4~6% 정도에서 2차 매수를 한다. 그리고 매수세와 매도세를 살피며 3차 분할 매수가를 F존 영역으로 할지를 고민한다.

예를 하나 보자. 뉴스에서 보는 바와 같이 초전도체 관련주들이 하락하는 상황에서 서남은 투자 경고 종목으로 지정되었음에도 불구하고 2일 전 종가에 비해 40% 이상 급등하면서 거래 정지가 된 상태였다(《그

● 그림 4-5 2023년 8월 4일 서남의 상황

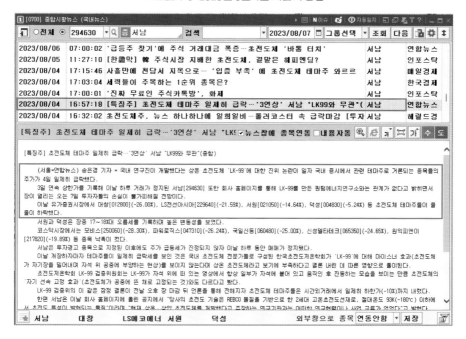

● 그림 4-6 신성델타테크 일간 차트(23.01~08)

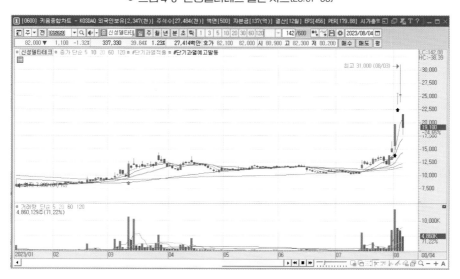

림 4-5〉). 참고로 2023년 8월 4일 당시 관련주들은 다음의 성적표를 받았다. 모비스(-28.30%), 파워로직스(-26.24%), 신성델타테크(-24.65%), 국일신동(-25%), 원익피앤이(-19.89%). 상한가 따라잡기를 한 투자자들은 하나같이 심리적으로 매우 불안하고 공포에 휩싸였을 것이다. 당연히 가지고 있지 않은 투자자들은 매매에 참여할 생각조차 못한 시기였다. 그중 한 종목인 신성델타테크의 차트를 보자(〈그림 4-6〉).

차트가 완전히 꺾였음을 한눈에도 알 수 있다. 여기에 더해 서남은 홈페이지에 퀀텀연구소와 관련 없다는 공지를 내보냈다. 요약하면 아래와 같다.

> *"당사의 초전도 기술은 REBCO 물질을 기반으로 한 2세대 고온 초전도 선재로, 절대온도 93K(-180℃) 이하에서 초전도 특성이 발현되는 물질이다."*
> *"현재 상온·상압 초전도체를 개발했다고 주장하는 연구기관과는 어떠한 연구협력이나 사업 교류가 없었다."*
> *"최근 주식시장에서 자사가 관련주로 여겨지는 상황은 우려스럽다."*
> *"우리의 기술로 성장하기 위해 최선의 노력을 다하겠다."*

여기서 중요한 포인트를 짚어 보자. 공지 내용을 보면 퀀텀연구소와 관련 없다는 것이지, 초전도체 연구 및 제조업을 하지 않는다는 것은 아니다. 이 점을 놓쳐서는 안 된다. 또한 지금 부는 바람인 꿈의 물질, 물리학의 혁명이라 할 수 있는 초전도체 테마는 아직 꺼지지 않았다는 데 주목해야 한다. 많은 사람이 LK-99를 반신반의하고 있다는 것은 서남의 입장에서 그 사업을 영위하고 있다는 자체가 역설적이게도 호재가될 수 있다. 무엇보다 트레이더 입장에서는 초전도체의 진위 여부가 그다지 중요하지 않다. 그저 결론이 나지 않았기 때문에 잠시의 조정은 있을지언정 여기서 꺾이지는 않을 것이다. 즉 호재성 불확실성이 계속된다면 주가도 탄력적인 움직임을 보이지만, 결론이 나 버리면 주가 상승의모멘텀도 사라져 결국 하락한다. 만약 퀀텀연구소와도 관련 없고 초전도체업도 영위하고 있지 않다고 공지를 냈다면 주가에 큰 악재이기 때문에 나 또한 트레이딩을 하지 않았을 것이다.

2023년 8월 7일로 돌아가 보자. 온갖 악재와 관련주들이 급락을 맞은 상황에서 대장주인 서남이 거래 재개를 하는 장 시작 동시호가는 무엇보다 중요하다. 모두가 긴장하는 순간, 서남의 시초가는 보합으로 시작했다. 이것은 매매에 참여하라는 강력한 시그널이다(《그림 4-7》). 오전장 매매 구간을 좀 더 확대해서 보자(《그림 4-8》).

A, B, C는 각각 1, 2, 3차 매수 구간이고, D는 평균단가 부근으로 일부 청산했다. 이후 나는 초전도체 관련 테마 종목들의 주가 흐름이 나쁘지 않으며 LK-99에 대한 팩트는 누구도 알 수 없다는 점에서 테마의모멘텀은 사라지지 않았다고 판단하여 재매수를 진행했다. 이때 신문과 방송에서는 설왕설래하며 떠들었고, 대중의 관심도는 점점 높아졌다. 나는 이에 적극적으로 매매할 필요가 있다는 결론을 내리고 F존을매수 구간대로 활용하며 트레이딩을 이어 갔다. 당일 매매 결과는 《그림

● 그림 4-7 서남 1분 차트(08.07)

● 그림 4-8 서남 1분 오전장(08.07)

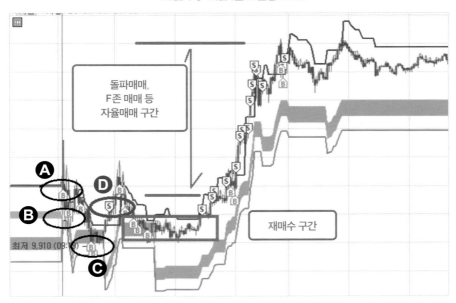

● 그림 4-9 8월 7일 매매 결과

[1] [0353] 실시간계좌관리(T) - 당일매매일지											

| 미체결 | 잔고 | 예수금 | 주문가능 | 당일매매 | 체결확인 | 잔고확인 | 원장미체결 | 주문가능추정 | 잔고/미체결 | 잔고회 |

****-**77 비밀번호 ******** 기준일 2023/08/0 조회

○당일매수에 대한 당일매 ◉당일매도전체 ◆화면 관련 유의사항은 도움말 전체

| 매도금액 | 2,459,580,820 | 수수료+제세 | 5,592,811 | 손익금액 | 92,761,469 |
| 매수금액 | 2,032,675,540 | 정산금액 | 421,312,469 | 수익률 | 3.93% 거래내역 |

| 종목명 | 금일매수 | | | 금일매도 | | | 수수료 +제세금 | 손익금액 | 수익률 |
	평균가	수량	매입금액	평균가	수량	매도금액			
에코프로	1,119,333	300	335,800,000	1,099,437	300	329,831,000	59,502	-6,728,502	-2.00%
레인보우로보	131,300	500	65,650,000	137,400	500	68,700,000	57,532	2,892,468	4.41%
서남	11,240	95,000	,067,775,540	12,013	95,000	,141,249,820	13,746	70,860,534	6.64%
에코프로에이	112,690	5,000	563,450,000	114,975	8,000	919,800,000	62,031	25,736,969	2.89%

조회가 완료되었습니다.

4-9〉와 같다.

위기인 것 같지만 기회다

서남의 매매에서와 같이 주변 상황이 위기인 것처럼 보이지만, 사실은 큰 기회일 때가 많다. 만약 공포에 위축되어 트레이딩하지 않았다면 그 소외감은 손절의 아픔보다 클 수 있다.

FOMO(소외감)에 젖어 있을 때, 즉 사고 싶어서 안달 날 때는 큰 위기가 목전에 다가와 있다는 것을 명심해야 한다. 공포에 용기를 내고 환호에 몸을 움츠려야 한다는 뜻이다. 주가는 대중의 심리와 반대로 간다.

90%의 투자자들이 주식시장에서 실패한다는 사실이 이것의 가장 명확한 증거다. 즉 성공하고자 한다면 대부분의 투자자와 반대로 해야 한다. 이러한 팩트를 외면하고 나만은 다르겠지, 이번은 아닐 거야 하고 치부한다면 성공 투자의 길은 자연히 멀어질 수밖에 없다.

인정할 건 인정하고 역지사지의 마음으로 꾸준히 시장을 본다면 무언가 다른 결론을 도출해 내는 능력을 갖추는 날이 분명 올 것이다. 무섭다고 느낄 때 그것에 휘둘리지 말고 한발 떨어져서 냉정히 생각해 보자.

5% 내외로 출발할 경우

대장주나 개별 이슈를 가진 종목이 전일 상한가 당시 많은 거래 대금
을 동반했다면, 시초가 매수 및 시세 분출 시 매도하거나 잠깐 밀린다면
시가 대비 -4~ 5% 구간이나 F존에서 공략이 가능하다.

실전 매매를 한 종목들의 일간 차트와 1분 차트의 B, S 타점을 참고하
면 이해가 빠를 것이다(〈그림 4-10〉, 〈그림 4-11〉).

● 그림 4-10 에코프로에이치엔 일간 차트(23.01~08)

해당 종목은 전일 상한가 따라잡기를 하고 일부는 오버 나이트 했다.
에코프로에이치엔은 다음 날 +4.7%로 시작되었고, 나는 가져온 물량을
적당한 수익 자리에서 매도한 후 1차 매수를 감행했다. 2차 매수는 F존
에서 한 후 반등 시 매도하여 수익을 실현했다.

● 그림 4-11 에코프로에이치엔 1분 차트(08.07)

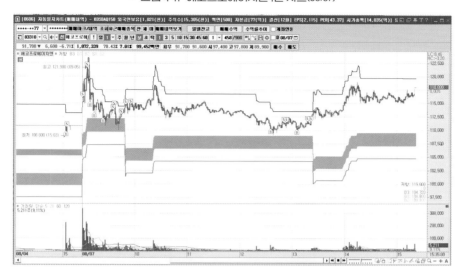

● 그림 4-12 대원전선 일간 차트(23.11~24.04)

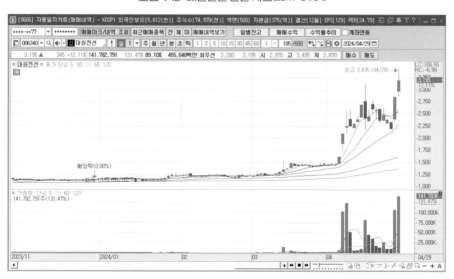

● 그림 4-13 대원전선 1분 차트(04.29)

구리 가격의 급등으로 송배전 관련주들이 오르는 상황에서 대원전선은 여타 관련 종목들과 달리 추가 상장의 악재 등을 이유로 조정을 보였다. 과거 탄력이 좋은 종목 중의 하나였던 해당 종목의 끼를 보고 나는 아침부터 대장 역할을 하는 것을 유심히 관찰한 후 상한가 따라잡기를 시도했다. 해당 종목은 6만 주를 보유한 채 오버 나이트 했기에 시초가 베팅은 하지 않고 상승 시 일부 수익을 실현했다. 이후 전상매매의 정석대로 급락 시 동시호가 대비 −4% 정도에서 추가 매수 후 급등 시 매도하는 것으로 매매를 마무리했다.

대원전선의 아침 상황을 확대해서 살펴보자(〈그림 4-14〉).

당일 매매일지는 〈그림 4-15〉와 같다.

● 그림 4-14 대원전선 1분 차트 오전장

● 그림 4-15 2024년 4월 29일 매매일지

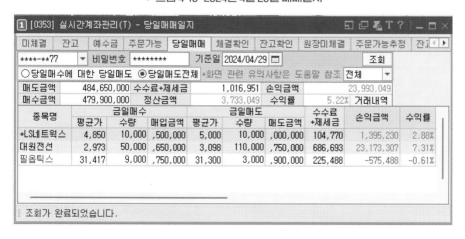

10% 내외의 갭 상승으로 출발할 때는 시초가 매수를 아예 고려하지 않는 것이 좋다. 물론 급등 종목의 경우 더 상승할 수도 있으나 그러한 예외적인 상황을 일반화해서 매매에 적용하는 것은 장기적으로 실패할 확률이 높다.

지금까지 전상매매의 시초가에 따른 상황별 매매 전략을 실전 사례를 통해 알아보았다. 여기에서 여러분은 하나의 의문점이 생겼을 것이다. 1차에서 3차까지 분할 매수한다면 Buy 타점이 3개 찍혀야 하는데, 실전 사례에서는 작게는 수차례, 많게는 수십 차례의 Buy와 Sell 타점이 있기 때문이다. 세 번 분할 매수한다고 해서 각 타점마다 한 번씩 매수하라는 의미가 아니다. 매수 지점까지 오지 않고 반등하는 경우도 있고, 그 아래로 하향할 때도 있다. 그 타점을 기준 삼아 여러 번의 매수를 시도하며 평단가를 맞추는 작업을 하는 것이다. 이것은 트레이딩에 있어서 매우 중요한 작업 중의 하나다.

앞서 언급한 바와 같이 이 매매법은 어느 정도 정형화되어 있지만, 기본적으로 상황에 따른 자율 매매의 영역에 속한다. 따라서 경력이 어느 정도 되고 수익 모델이 있는 중/고수들에게 적합한 매매법이라 할 수 있다. 초보 투자자는 시초가 매수보다는 눌림 공략을 하며 매매에 대한 감각을 익힌 후 점차 시초가 상황별 매매를 해 보면서 자신의 것으로 만들기를 바란다.

약상매매

전일 상한가를 간 종목이 다음 날 시초가에 보합 또는 갭 하락하여 동시호가가 형성될 때 매매하는 방법을 약상매매라 부른다. 참고로 상당히 큰 수익을 가져다주는 매매이므로 용기를 가지고 시도해 보길 바란다.

약상매매의 기본 조건은 다음과 같다. 대중의 관심과 거래량이 많은 종목이 전일 상한가에 도달한 상태로 당일 마이너스권에서 출발하는 경우다. 이 매매의 원리는 강한 종목이 더 강하다는 것과 뜨거운 종목, 특히 대장주는 쉽게 죽지 않는다는 점을 기본 전제로 한다. 전일 상한가에 도달한 종목이 당일 마이너스권에서 출발한다는 것은 어떠한 소형 악재의 출현이나 뉴스로 인한 시장 참여자들의 불안한 심리 등으로, 보유자들의 불확실성을 해소하고자 매도하고 싶은 욕구와 매수 대기자들의 악재에 대한 소극적 태도 등에서 연유된다.

다음은 대략적인 일봉의 패턴이다.

● 그림 4-16 약상매매의 일봉 패턴

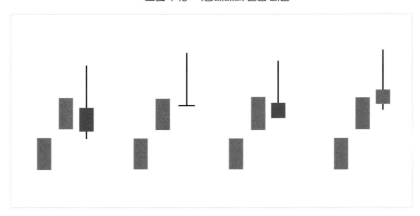

종가는 임의로 한 것이다. 장중에는 상승하는 모습을 보이고 윗꼬리를 달거나 양봉 또는 음봉의 형태를 보이는 등 일률적이지 않음에 유의하자.

한 가지 주의할 것은 전일 상한가를 간 종목이 다음 날 마이너스권에서 시작한다고 해서 무조건 매수해서는 안 된다. 관련 테마의 2, 3등주 또는 개별 이슈를 가지고 있지만 거래 대금이 실리지 않고 상한가를 간 종목, 시장의 관심이 덜한 종목 등은 매매하지 않는 게 좋다. 종목 자체의 악재 뉴스에 접근하지 말아야 하는 것은 당연하다.

프로그램을 이용한 매매

INVESTING VS. TRADING

프로그램 매매의 영향을 많이 받는 종목

해가 갈수록 프로그램 매매의 영향력이 커지고 있다. 과거에는 그것을 느끼지 못했고, 신경 써서 확인하며 매매하지도 않았다. 하지만 지금은 프로그램 순매수 현황에 따라 주가가 움직이는 실정이므로 트레이딩에 있어서 각별히 주의하여 매매해야 한다.

한 예로 대한전선은 다른 종목들에 비해 프로그램에 따라 주가가 움직이는 경향이 강했는데, 해당 종목의 2024년 5월 21일 주가의 흐름을 보자(《그림 4-17》).

장 초반 9시 15분까지 20만 주가 넘는 프로그램 순매수가 유입되며 주가를 급등시켰다. 그러나 이후 프로그램 매도가 지속적으로 출회되며 주가는 점진적으로 하락세를 보였고, 결국 장중 마이너스권 흐름을

보였다. 대한전선은 결국 프로그램 매도가 110만 주 이상 집중적으로 나오며 하락 음봉으로 마감되었다. 다른 종목에 비해 프로그램이 주가를 좌지우지하는 경향이 매우 강하다는 것을 주가 흐름에서 파악할 수 있다.

〈그림 4-18〉의 주가와 프로그램 순매수 현황을 보면 순매수일 때 주가는 거의 상승, 반면 순매도인 날은 대부분 하락했음을 알 수 있다.

이외에도 프로그램이 주가에 영향을 크게 미치는 종목들은 나중에 트레이딩에 큰 참고가 될 수 있으므로, 메모해 두는 것도 좋은 습관이다.

● 그림 4-18 대한전선 프로그램 매매 추이

일자	시가	고가	저가	종가	전일비	등락률	거래량	금액(백만)	신용비	개인	프로그램	외인비
2024/05/22	19,500	19,820	18,510	18,650 ▼	650	-3.37	12,991,055	247,868	0	-40,417	2,143	7.66
2024/05/21	19,890	20,950	19,020	19,300 ▼	380	-1.93	24,760,806	493,257	3.07	1,933,077	-1,136,787	7.59
2024/05/20	19,200	19,950	18,550	19,680 ▲	1,320	+7.19	38,903,322	755,939	2.95	-461,610	380,518	8.24
2024/05/17	18,200	18,900	17,700	18,360 ▼	220	-1.18	16,959,726	309,817	2.92	1,236,189	-1,162,460	8.54
2024/05/16	17,660	18,800	17,270	18,580 ▲	1,340	+7.77	35,903,867	652,295	2.62	-1,379,279	1,098,818	9.39
2024/05/14	18,430	18,540	17,000	17,240 ▼	870	-4.80	28,425,492	504,636	2.30	1,530,373	-406,111	8.85
2024/05/13	15,000	18,900	14,640	18,110 ▲	3,510	+24.04	85,375,345	1,493,847	2.37	-2,781,103	1,797,660	9.19
2024/05/10	14,570	14,920	14,120	14,600 ▲	220	+1.53	12,132,535	176,617	2.31	-669,765	389,818	8.29
2024/05/09	14,400	14,690	13,970	14,380 ▲	320	+2.28	7,391,615	105,702	2.37	364,925	-466,111	8.11
2024/05/08	14,150	14,600	13,910	14,060 ▼	240	-1.68	9,705,604	138,708	2.43	-381,452	269,792	8.35
2024/05/07	13,190	14,480	13,190	14,300 ▲	1,220	+9.33	17,865,402	252,654	2.47	-1,930,526	1,775,341	8.21
2024/05/03	13,540	13,700	13,080	13,080 ▼	410	-3.04	4,652,395	61,995	2.49	409,920	-423,824	7.29
2024/05/02	13,580	13,800	13,260	13,490 ▼	270	-1.96	5,062,726	68,422	2.40	206,586	-254,624	7.55
2024/04/30	14,380	14,610	13,720	13,760 ▼	450	-3.17	10,445,696	147,561	2.28	989,625	-1,024,310	7.51
2024/04/26	13,840	14,670	13,560	14,210 ▲	410	+2.97	24,093,129	343,132	2.27	-361,313	457,170	8.03
2024/04/26	12,560	14,000	12,560	13,800 ▲	1,500	+12.20	33,239,861	451,928	2.26	-3,178,459	2,971,509	7.76
2024/04/25	12,470	12,570	12,280	12,300 ▼	350	-2.77	2,271,634	28,139	2.22	68,220	-152,955	6.20

프로그램 매도가 출회됨에도 주가가 상승하는 경우

프로그램 매도가 출회되는데도 불구하고 주가가 상승하는 경우가 있다. 이러한 케이스는 보통 프로그램 매도보다는 다른 주체, 즉 세력이나 기관(외인)들의 매수가 상대적으로 크게 유입된다.

〈그림 4-19〉를 보면 프로그램이 매도세인데도 불구하고 주가가 상승하고 있다. 참고로 10시 13분의 프로그램 매매 현황은 -338,000가량이었다. 이후 프로그램 매도가 주춤하고 매수 주체 세력의 수익 실현 물량이 나오면서 주가는 조정을 보였고, 이때 프로그램 매수가 꾸준히 유입되면서 13시 18분경 순매도량은 -163,000주가량으로 줄어들었다. 이후 주가는 조정에서 상승으로 턴했다.

● 그림 4-19 2024년 5월 17일 LS에코에너지

장 후반에는 상한가까지 갔으나 마감 동시호가를 앞두고 매도 물량이 출회되며 결국 26% 상승한 채로 종가가 형성되었다. 이때 프로그램의 순매도량은 -137,000주가량으로 장 초반에 비하면 3/5 정도였다.

여기서 우리가 알 수 있는 것은 시가총액이 큰 종목들은 프로그램의 순매매가 주가에 많은 영향을 끼치지만, 상대적으로 작은 종목은 큰 영향을 받지 않는다는 것이다. 당시 LS에코에너지의 시가총액은 1조 1000억 원가량이었다.

당일의 프로그램 순매수만 봐서는 많고 적음을 판단하기가 어렵다. 어떤 이에게는 많아 보이고, 또 어떤 이에게는 얼마 되지 않는 양일 수 있으므로 자칫 개인의 주관적 판단이 매매를 그르칠 수 있다.

과거 어느 정도의 순매매가 주가에 얼마나 많은 영향을 주었는지 확인하면 트레이딩에 큰 참고가 될 것이다.

프로그램으로 주가의 변곡을 아는 방법

시가총액이 큰 종목일수록 프로그램의 순매수에 따라 주가가 움직이는 경우가 많다고 했다. 예를 하나 더 거론하자면 두산에너빌리티를 들 수 있다.

● 그림 4-20 두산에너빌리티 1분 차트(05.28)

전날 540만 주 넘게 프로그램 매수가 유입되었고, 16%가량 급등했으며, 52주 신고가를 기록했다. 그러나 다음 날은 어제의 급등이 부담스러웠는지 장 초반에 갭 상승 후 줄곧 하향세를 보였고, 오전 10시 20분이 지나서야 매도 물량이 멈추고 6만 주가량의 매수 물량이 유입되며 주가의 변곡이 시작되었다. 이후 꾸준히 프로그램 매수가 유입되며 주가는 상승으로 턴했고, 장 마감 시에는 90만 주가 넘는 순매수 현황을 보였다.

● 그림 4-21 두산에너빌리티 프로그램 매매 추이

시간	현재가	전일대비	등락률	거래량	프로그램매매 (단위:주,백만원)			
					매도수량	매수수량	순매수수량	순매수증감
14:53:59	21,750 ▲	450	+2.11	37,688,786	5,087,595	6,033,824	946,229	-11
14:53:57	21,750 ▲	450	+2.11	37,688,452	5,087,584	6,033,824	946,240	-2
14:53:55	21,800 ▲	500	+2.35	37,687,286	5,087,582	6,033,824	946,242	2
14:53:53	21,800 ▲	500	+2.35	37,687,218	5,087,581	6,033,821	946,240	
14:53:50	21,800 ▲	500	+2.35	37,686,847	5,087,581	6,033,821	946,240	-154
14:53:47	21,750 ▲	450	+2.11	37,685,888	5,087,348	6,033,742	946,394	-9
14:53:41	21,800 ▲	500	+2.35	37,681,080	5,087,339	6,033,742	946,403	2
14:53:38	21,800 ▲	500	+2.35	37,680,756	5,087,339	6,033,740	946,401	
14:53:35	21,750 ▲	450	+2.11	37,679,365	5,087,339	6,033,740	946,401	-8
14:53:31	21,800 ▲	500	+2.35	37,676,200	5,087,331	6,033,740	946,409	-16
14:53:28	21,800 ▲	500	+2.35	37,674,480	5,087,315	6,033,740	946,425	
14:53:26	21,750 ▲	450	+2.11	37,674,208	5,087,315	6,033,740	946,425	-21
14:53:23	21,750 ▲	450	+2.11	37,669,684	5,087,294	6,033,740	946,446	-1
14:53:19	21,800 ▲	500	+2.35	37,669,066	5,087,293	6,033,740	946,447	30
14:53:15	21,750 ▲	450	+2.11	37,664,728	5,087,292	6,033,709	946,417	66
14:53:12	21,750 ▲	450	+2.11	37,662,535	5,087,289	6,033,640	946,351	
14:53:08	21,750 ▲	450	+2.11	37,660,694	5,087,289	6,033,640	946,351	-12
14:53:01	21,750 ▲	450	+2.11	37,658,928	5,087,277	6,033,640	946,363	-49,332

체결량으로 하락 또는 상승의 신호를 체크하는 방법

프로그램 매수가 꾸준히 유입되다가 어느 순간 대량의 매도 물량이 출회될 때 주가의 변곡이 생길 가능성이 높다. 예를 들면 10,000주, 5,000주, 15,000주, 10,000주, 30,000주 이런 식으로 크게 차이나지 않게 계속 유입된다면 주가의 흐름이 일정한 방향으로 갈 수 있다. 만약 갑자기 5만 주, 10만 주 이렇게 상대적으로 큰 덩어리 물량이 출회된다면 어떨까? 이는 하락의 신호탄이 될 수 있다. 반대의 경우도 마찬가지로 하락 중이던 종목에 프로그램 매수가 상대적으로 크게 유입되면 하락이 멈추고 상승으로 돌아설 확률이 높다.

하루 2억 손실

2022년 2월 4일 매매일지

오미크론 확진자 수가 급증했으나 치명률이 낮다는 이유로 독감 수준의
관리를 검토하겠다는 뉴스가 떴다. 이에 잘나가던 진단키트, 치료제, 백신
관련주들이 급락을 면치 못했다.

2시간 사이에 많은 일이 일어났다. 주가를 부양하던 메이저 세력의 이익
실현 움직임에 개인 투자자들도 물량을 뱉어내기 시작했다. 매도가 매도를
부르는 상황. 안타깝게도 나 역시 이 혼란의 도가니에 있었다. 무려 30억을
들고 있었고, 손실로 2억가량이 찍혔다.

● 그림 4-22 2022년 2월 4일 매매 결과

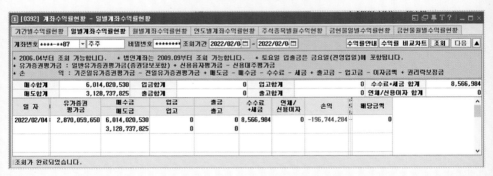

금요일 오후였다. 많은 투자자가 그럴 테지만, 금요일은 주말을 편히 보내

고자 하는 사람에게 중요한 날이다. 그런데 그날 내게 더 떨어질 것만 같은 공포가 밀려왔다. '홀딩하고 갈까?' 하고 잠시 생각해 봤으나 그러기엔 이틀의 휴일이 너무도 길었다. 결단해야 했다. 반등 조짐이 있으니 견뎌 볼까, 아니면 털어 버릴까? 털면 주말을 편안히 보낼 수 있을까? 그러다 다음 주 월요일에 반등이 크게 나오면 어쩌지?

소외감이 손실보다 더 크게 다가왔다. 이는 멘탈 관리 측면에서 기분 나쁜 상처를 가져올 것이다.

'이래도 편하지 않고 저래도 편하지 않다면 반등의 확률이 높은 상황에서는 들고 간다!!'

장 마감을 앞두고 많은 고민을 했고 결단했다. 물론 30억 가까이 들고 가지만 미수 풀 베팅이 아니기 때문에 만약 떨어진다면 오히려 더 살 수 있으니 땡큐라는 생각이었다.

● 그림 4-23 휴일을 보내고 난 월요일 매매 결과

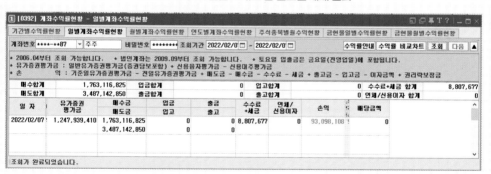

비록 전날 손실의 절반밖에 채우지 못했지만 이것마저 감사했다. 결과적으

로 좀 다쳤으나 회복의 단초를 마련한 것이니 나는 다시 일어서서 아무 일도 없듯 또 트레이딩할 것이다.

이러한 마음가짐으로 주식 투자를 하면서 보낸 세월이 20년이 넘었습니다. 누구나 넘어지고 다칠 수 있습니다. 하지만 저는 큰 손절을 했다고 해서 한 번에 복구하겠다는 생각은 절대 하지 않습니다. 이것이 오히려 독이 될 수 있음을 너무나 잘 알기 때문이지요.
한때 이틀 만에 5억 넘게 손절한 적이 있습니다. 다시 마음을 다잡고 조금씩 쌓아 가니 모두 복구가 되더군요. 오히려 10억의 수익으로 전환했습니다. 그것과 같은 맥락이라 할 수 있지요.

만약 독자 여러분 중 기회를 살려 단번에 회복한 경험이 있다면, 다음에 같은 시련이 왔을 때도 큰 베팅으로 치유하려고 할 것입니다. 그렇지만 시장은 그리 만만하지 않습니다. 판단의 오류를 단 한 번이라도 범한다면 그때는 회복할 수 없는 치명상을 입을지도 모릅니다.

누구나 크게 손절할 수 있습니다. 그리고 누구나 그것을 극복할 수 있습니다. 그러나 아무나 하지 못하는 이유는 심리적 조급함이 자꾸 방해하기 때문입니다. 그것을 이겨 내야 주식시장에서 살아남아 부를 축적할 수 있고, 즐기면서 오래오래 투자 생활을 할 수 있습니다. 여러분도 이런 위기에 닥친다면 페이스를 더 낮추고, '오히려 더 천천히 가자는 생각으로 조금씩 쌓아가자'라는 마음가짐으로 하다 보면 어느새 자신도 모르게 손실분을 모두 복구하고 수익을 쌓는 경험을 할 수 있을 겁니다. 급할수록 천천히 가길 바랍니다.

전업 투자자의 조건

2017년 11월 마침내 한 달 수익 5억을 달성하면서 조금 더 큰 트레이더의 길로 들어서게 되었습니다.

● 그림 4-24 2017년 11월 일별 수익

기간	투자이익	입금고	출금고	수수료	세금	배당금	예탁금이자	보존입금액	KOSPI초
2017/11/30	30,926,183	0	65,000,000	1,110,810	10,829,459	0	0	0	
2017/11/29	55,547,106	0	0	527,860	5,998,174	0	0	0	
2017/11/28	-10,202,023	0	0	236,900	2,457,478	0	0	0	
2017/11/27	36,529,666	0	50,000,000	1,099,050	11,971,484	0	0	0	
2017/11/26	0	0	0	0	0	0	0	0	
2017/11/25	0	0	0	0	0	0	0	0	
2017/11/24	20,228,216	0	0	1,197,490	13,181,038	0	0	0	
2017/11/23	25,989,284	0	0	874,160	10,501,862	0	0	0	
2017/11/22	-21,978,129	0	0	343,540	1,875,342	0	0	0	
2017/11/21	56,085,904	0	0	211,280	2,361,676	0	0	0	
2017/11/20	-10,472,252	0	0	644,520	7,066,109	0	0	0	
2017/11/19	0	0	0	0	0	0	0	0	
2017/11/18	0	0	0	0	0	0	0	0	
2017/11/17	9,563,334	2,834	100,000,000	1,096,480	11,672,579	0	0	0	
2017/11/16	53,392,871	0	0	650,060	7,123,033	0	0	0	
2017/11/15	36,358,502	0	0	560,700	5,718,787	0	0	0	
2017/11/14	-5,118,303	0	0	347,190	2,923,894	0	0	0	
2017/11/13	46,042,313	0	0	382,160	3,952,579	0	0	0	
2017/11/12	0	0	0	0	0	0	0	0	
2017/11/11	0	0	0	0	0	0	0	0	
2017/11/10	-15,142,074	0	0	870,830	9,463,791	0	0	0	
2017/11/09	21,561,241	0	50,000,000	886,250	9,968,540	0	0	0	
2017/11/08	64,703,188	0	0	590,890	5,867,802	0	0	0	
2017/11/07	71,850,728	0	0	294,740	3,679,493	0	0	0	
2017/11/06	6,567,808	0	5,000,000	624,550	6,184,984	0	0	0	
2017/11/05	0	0	0	0	0	0	0	0	
2017/11/04	0	0	0	0	0	0	0	0	
2017/11/03	21,847,141	0	0	327,820	3,558,891	0	0	0	
2017/11/02	-17,144,901	0	0	607,210	6,573,305	0	0	0	
2017/11/01	22,790,007	0	0	388,950	3,546,133	0	0	0	
전기간	투자이익	입금고	출금고	수수료	세금	배당금	예탁금이자	보존입금액	KOSPI초
	499,925,810	2,834	270,000,000	13,873,440	146,476,433	0	0	0	

월에 1000만 원. 주식하는 사람치고 이런 꿈을 꾸지 않은 사람이 몇이나 있을까요? 비단 주식 투자자뿐만 아니라 다단계 하는 분들도 그러더군요. 다이아몬드로 하면 그리 된다고요. 지방에 사는 동생의 아내가 한때 거기에 빠져 있었는데, 당시 항상 입에 달고 다니던 말이 바로 월 천이었습니다. 하지만 돈은 돈대로 쓰고, 본인은 물론 가족도 마음고생이 많았습니다. 지켜보는 제가 더 안쓰럽더군요. 다단계의 세뇌 교육은 북한의 그것과 다를 바가 없나 봅니다. 독실한 기독교인인 제수씨가 거기에 빠질 줄은 생각도 못했거든요. 물론 지금은 다 때려치우고 열심히 직장 생활을 하고 있습니다. 보기 좋더군요.

이와 같이 '월 천'이라는 것은 고수익의 상징이고 성공의 바로미터이기도 합니다. 이것을 연봉으로 계산해 보면 1억대 연봉이니 그럴 만도 하고요. 하지만 실상 회사 다니는 사람들의 억대 연봉은 세금 떼고 이것저것 제하면 얼마 안 되더군요. 지인 중에 은행 다니는 친구가 있는데 차장급으로 연봉을 1억 정도 받습니다만, 한 달에 실수령액이 600~700만 원밖에 안 된다고 하더군요. 골프 치러 가자고 하면 항상 돈이 없어서 못 간다는 친구였습니다.
그런 의미에서 주식 투자자에게 순수한 월 천은 어찌 보면 연봉 2억에 맞먹지 않을까 싶습니다. 웬만한 중소기업 임원 월급 정도 되지 않을까요?

직장 생활을 성실히 하고 예의 바르고 착한 동생이 있었습니다. 한때 강의를 했는데 장이 좋아서 그랬는지, 실력이 늘어서 그랬는지는 몰라도 수익이 쉽게 나니 전업을 심각하게 고민 중이라고 말하더군요. 저는 그 동생에게 절대 하지 말라고 극구 말렸습니다. 정 할 거라면 월 천을 10번 한 후에 하라고 했지요. 사실 직장 다니면서 월 천 하기가 쉽지 않습니다. 그만큼 어려운 환경에서 검증해 보고 나서 전업해도 늦지 않다는 뜻입니다.

어느 날 그 동생이 월 천을 했다며 메시지를 보내왔습니다. 전에도 몇 번 시도했는데 욕심 때문인지 무너졌고, 이제야 달성했다는 것입니다. 그 동생은 제게 "이제 아홉 번만 더 월 천 하면 전업해도 되겠습니까?" 하고 묻더군요. 이 친구의 조건으로만 본다면 전업 두 번 해도 될 정도로 가정이 탄탄합니다. 회사에서 명예퇴직하면 보상금도 나오고, 와이프는 국내 메이저급 은행 과장이고, 아파트도 몇 채 있고, 땅도 가지고 있습니다.

여러분은 혹시 몇 번의 월 천, 몇 번의 성공으로 전업 투자를 계획하고 계신가요? 저는 아무리 조건이 훌륭하다고 해도 두드리고 두드리라고 말하고 싶습니다. 제가 생각하는 전업의 조건은 '수익 내는 방법을 가지고 있는 사람'입니다. 투자 수익으로만 생활이 가능할 뿐만 아니라 어느 정도의 저축까지 하면 더 좋겠지요. 결국 현재 받는 월급 이상으로 벌어야 한다는 것입니다. 전업하면 적어도 1년간 먹고살 생활비는 가지고 있어야 하고, 주거 환경도 안정적이어야 합니다. 즉 대출 없는 전셋집은 준비해야 한다는 것이지요. 이렇게 전업 훈련을 1년 이상 하면서 최종적으로 자가 점검을 하는 것입니다. 제가 예전에 전업을 앞두고 2, 3년간 계획하고 준비한 것처럼요.

주식하면서, 특히 전업하면서 주의해야 할 것이 있습니다. 하나는 남과 비교하지 말라는 것입니다. 실력이 비슷하다고 생각한 사람이 자신보다 월등히 많이 벌거나 일취월장의 실력을 보이면 자연스레 마음이 급해지고, 무리한 베팅을 하게 됩니다. 그러나 시장은 평소와 같이 유유히 흘러갑니다. 나만 급한 것이지요. 이럴 때 손실은 더 커지고 자칫 슬럼프에 빠지기도 합니다.

또 크게 버는 사람들의 계좌를 보면서 상대적 박탈감을 느끼지 말아야 합니다. 저도 고만고만하던 트레이더 시절에 억대로 버는 고수들의 일지를 많이 보았습니다. 하지만 저는 그것을 보면서 위화감이나 박탈감을 느끼기는커녕 오히려 더 좋았습니다.

'아! 나도 나중엔 저렇게 될 수 있겠구나. 할 수도 있겠다! 할 수 있다!'

희망을 본 것이지요. 전업 투자자에게는 이러한 마인드가 정말 필요합니다. 주식은 나 자신과의 싸움이지, 주위 또는 다른 사람과의 싸움이 아니기 때문이지요. 침착하게 자신의 페이스대로 꾸준하게 가길 바랍니다. 그러면 반드시 벽처럼 느끼던 것을 넘어설 날이 올 것입니다.

또 다른 하나는 긍정의 마인드입니다. 인생은 말하는 대로 된다고 합니다. 저는 주식 투자 초기에 1억 원을 그렇게 벌고 싶었습니다. 생활비 압박과 함께 연속적으로 손실을 봤을 때는 죽고 싶다는 생각이 하루에 수만 번은 들 정도로 힘들었지만 이를 악물고 견뎌 냈습니다. 그리고 입으로는 "1억! 할 수 있다. 할 수 있다. 할 수 있다"고 외쳤습니다. 혼자 있을 때나 화장실에서나 미친 사람처럼 수없이 되뇌고 되뇌었지요. 그리고 1년여가 지나자 마침내 이루어졌습니다.

아무리 강조해도 지나치지 않을 강한 멘탈과 무한한 긍정의 마인드. 비록 지금은 힘들어도 참고 또 참고 배우고 익히면 반드시 좋은 결과가 온다는 믿음. 여러분을 성공으로 이끄는 가장 큰 요소 중의 하나가 아닐까 생각해 봅니다. 월 1000만 원. 어떤 이에게는 성공의 잣대가 되기도 하고, 또 어떤 이에게는 더 큰 성장을 위한 디딤돌이 되기도 할 것입니다. 여러분도 꼭 달성해서 안정적인 생활과 함께 더 큰 꿈을 꿀 수 있는 계기가 되길 바랍니다. 월 천은 단지 시작일 뿐입니다.

스윙매매

직장인에게 최적화된 매매법

스윙매매는 2, 3일 또는 길면 1주일의 기간을 두고 매매하는 것으로, 시세를 자주 볼 수 없는 직장인이나 자영업자에게 최적화된 매매법이라 할 수 있다. 짧은 스윙매매로서 '골드존매매'라 부르기도 하며, 또 다른 말로는 '캐쉬존'이라고 하는데 다음 날 또는 2~3일 내에 현금과 같은 수익을 바로 얻을 수 있기 때문이다.

스윙매매는 시장의 주목을 받고 있는 상태에서 일정 조건에 의해 검색된 종목을 트레이딩하는 방식으로, 오늘 뜨겁게 관심을 받았으니 내일은 적어도 따뜻하리라는 전제 아래 분할 매수한다.

검색 조건

다음과 같은 조건이 충족된 종목을 매매 대상으로 삼는다.

1. *전 고점을 돌파한 종목으로 당일 양봉이 만들어져야 한다.*
2. *장대 양봉일수록 좋다.*
3. *거래 대금이 적은 종목은 피해야 하며*
4. *대장주를 대상으로 한다.*

무엇보다 중요한 것은 검색된 종목이 현재 시장의 관심을 받고 있는지 여부와 대장주인지 여부다. 아무리 좋은 조건에 의해 검색되었다 한들 2등주 또는 3등주라면 매매해서는 안 된다.

전 고점를 돌파한 장대 양봉(기준 봉)이 그려졌을 때 골드존매매를 한다고 해 보자. 기준 봉을 세 번의 분할 매수 관점에서 매매하므로 매수 지점이 세 개의 라인으로 그려지는데 이를 '골드 라인'이라 한다. 이것들을 각각 G1, G2, G3라 칭하는데, G1은 1차, G2는 2차 그리고 G3는 3차 매수 가격을 뜻한다. 여기에서 우리가 주의해야 할 포인트는 각 라인 간 비율을 정함에 있어서 시장 상황을 고려해야 한다는 것이다. 즉 상승 추세에서는 골드 라인(G1, G2, G3)을 대략 -3%, -5%, -7%의 간격으로 두고, 완만한 상승 또는 횡보 장세에서는 -3%, -6%, -9%의 간격을 두는 것이다. 하락 추세에서는 -4%, -8%, -12%로 매수 간격을 넓혀서 골드 라인을 만든다. 이 책을 집필하는 시점은 완만한 상승장 또는 반등장의 성격이 강하므로 -3, -6, -9%를 기준으로 골드존 매매에 대해 설명하겠다.

시장 추세에 따른 골드 라인 설정

1차 분할 매수 가격과 골드 라인 간 차이를 둔 것은 다음과 이유가 있다.

1. 상승 추세에서는 가격 조정이 많지 않으며 반등 또한 크다.
2. 하락 추세에서는 악재에 민감하게 작용하여 가격 조정이 심하게 발생한다. 따라서 1차 매수가
도 -4%에서 시작하는 경우가 많기에, 라인 간 가격도 4%의 차이를 두었다.
3. 완만한 상승 또는 횡보 장세에서는 종목 상황에 따라 다르나 위 두 기준과 비교해서 적당하다
고 판단되는 지점에 분할 매수 가격을 설정했다.

일간 차트에 그려진 골드존의 G1, G2, G3 라인이다.

● 그림 5-1 골드존 G1, G2, G3

실전 적용

사례를 통해 알아보자.

2024년 5월에 시장의 관심을 받으며 AI 반도체 관련주들이 급등했다. 특히 5월 9일에는 폴라리스오피스가 장대 양봉을 그리며 골드존 종목에 검색되었다. 〈그림 5-2〉는 폴라리스오피스의 2024년 5월 일간 차트이다.

나는 많은 거래량을 동반하며 전 고점을 돌파한 5월 9일 이후 일주일간 스윙매매 관점에서 골드존매매를 했다. 이때 오버 나이트와 당일 트레이딩을 병행했다. 차트에 골드 라인을 그려 보면 〈그림 5-3〉과 같다.

〈그림 5-4〉는 이것을 참고해서 매매한 Buy, Sell이 적힌 일간 차트의

● 그림 5-2 폴라리스오피스 일간 차트〔24.01~05〕

● 그림 5-3 폴라리스오피스 일간 차트(24.01~05) - 골드 라인

● 그림 5-4 폴라리스오피스 일간 차트(24.03~05) - Buy, Sell

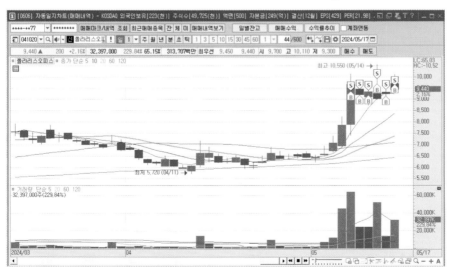

모습이다.

차트에서 볼 수 있듯이 매일같이 트레이딩을 했다. 이처럼 시세가 죽지 않으면 끝까지 물고 늘어지며 매매하는 근성이 있어야 한다. 시세 확인이 어려운 직장인이나 자영업자도 골드 라인이 그려진 상태에서 매매하면 그리 어렵지는 않을 거라 생각한다. 일주일 정도 매매한 결과는 〈그림 5-5〉와 같다.

다음은 5월 13일 장대 양봉이 세워지며 골드존에 검색된 대한전선의 일간 차트이다(〈그림 5-6〉). 골드 라인을 가이드 삼아 매매한 차트는 〈그림 5-7〉과 같다.

보는 바와 같이 G1, G2 구간에서의 매매는 나쁘지 않다. 그러나 이

● 그림 5-5 5월 17일 폴라리스오피스 매매 결과

일자	구분	종목명	수량	매입가	매도체결가	실현손익	수익률	수수
2024/05/17	현금	폴라리스	10,000	9,637.49	9,890	2,317,823.12	2.41	29,2
2024/05/17	현금	폴라리스	2,476	9,560.62	9,440	-347,766.64	-1.47	7,0
2024/05/17	현금	폴라리스	3	9,560.62	9,440	-411.85	-1.44	
2024/05/17	현금	폴라리스	164	9,560.62	9,440	-23,026.99	-1.47	4
2024/05/17	현금	폴라리스	2	9,560.62	9,440	-274.23	-1.43	
2024/05/17	현금	폴라리스	97	9,560.62	9,440	-13,607.73	-1.47	2
2024/05/17	현금	폴라리스	2	9,560.62	9,440	-274.23	-1.43	
2024/05/17	현금	폴라리스	100	9,560.62	9,440	-14,040.58	-1.47	2
2024/05/17	현금	폴라리스	119	9,560.62	9,440	-16,705.28	-1.47	3

종목을 골드존 관점에서 매매한 것이 아니라 연속 두 개의 양봉을 기대하고 장 초반에 접근한 것이 패인이었다. 패배의 결과는 언제나 쓰지만 이것 또한 배움의 과정이라 생각하고 넘어가야 한다.

● 그림 5-6 대한전선 일간 차트(24.02~05) - 골드 라인(출처: 티마)

● 그림 5-7 대한전선 일간 차트(24.02~05) - Buy, Sell

● 그림 5-8 5월 14일 대한전선 매매 결과

종목명	수량	매입가	매도체결가	실현손익	수익률	수수료	세금	신용0
대한전선	10,000	18,301.57	18,270	-699,409.45	-0.38	54,850	328,860	
대한전선	78	18,301.57	18,290	-3,888.46	-0.27	420	2,566	
대한전선	50	18,301.57	18,290	-2,483.5	-0.27	260	1,645	
대한전선	21	18,301.57	18,290	-1,033.97	-0.27	100	691	
대한전선	598	18,301.57	18,290	-29,885.83	-0.27	3,280	19,687	
대한전선	10	18,301.57	18,290	-483.7	-0.26	40	328	
대한전선	110	18,301.57	18,290	-5,492.69	-0.27	600	3,620	
대한전선	2	18,301.57	18,290	-87.14	-0.24		64	
대한전선	200	18,301.57	18,290	-9,977.99	-0.27	1,080	6,584	

〈그림 5-8〉은 5월 14일 대한전선 매매 결과이다.

수익과 손실을 결정하는 핵심 요인

어떤 트레이딩이든 실행에 앞서 선행해야 할 것이 있다. 바로 어떤 매매를 할 것인지를 정하는 과정이다. 눌림매매를 할 것인가, 돌파매매를 할 것인가, 상한가 따라잡기를 할 것인가를 확실히 정하고 진입해야 한다는 것이다.

대한전선의 경우 골드존 관점 매매를 했다면 당일뿐만 아니라 다음 날 장대 양봉을 그린 만큼 큰 수익도 가능했을 것이다. 이처럼 순간의 판단이 그 수익과 손실을 결정함을 명심하자.

음봉 파동에서 수익 내는 방법

기본적으로 음봉 차트에서 수익을 내기란 쉽지 않다. 그러나 분 차트 형태, 즉 당일 흐름에 따라 수익을 낼 수도 있기 때문에, 골드존에 검색된 종목이 다음 날 음봉이라고 해서 가볍게 생각하지는 말아야 한다.

기본적으로 골드존매매는 음봉 파동이 그려질 때 아랫꼬리에서 수익을 취하는 매매법이다. 2023년 5월 16일 시장을 주도했던 이수페타시스를 보자. 이수페타시스는 엔비디아의 계속된 상승세에 급등하여 사상 최고가로 장을 마감했고 골드존 종목에도 검색되었다. 이날 장중 프로그램 매수로 240만 주가 넘게 유입되며 매수 주체로서 역할을 했다. 나는 다음 날 프로그램 매도가 대량으로 나오지만 않는다면 충분히 승산

● 그림 5-9 5월 16일과 17일 양일간 프로그램 매매 현황

일자	현재가	전일대비		등락률	거래량	프로그램매매 (단위:주,백만원)			
						매도수량	매수수량	순매수수량	순매수증감
2024/05/17	49,300	▼	1,500	-2.95	6,350,174	1,379,667	858,904	-520,763	-2,989,743
2024/05/16	50,800	▲	8,050	+18.83	19,221,010	1,679,590	4,148,570	2,468,980	2,330,560
2024/05/14	42,750	▲	1,450	+3.51	2,447,728	347,614	486,034	138,420	83,434
2024/05/13	41,300	▲	200	+0.49	1,214,783	176,245	231,231	54,986	526,171
2024/05/10	41,100	▼	2,050	-4.75	2,115,252	573,696	102,511	-471,185	-1,136,217
2024/05/09	43,150	▲	1,750	+4.23	3,801,948	626,504	1,291,536	665,032	421,787
2024/05/08	41,400	▲	1,000	+2.48	1,801,508	231,863	475,108	243,245	-178,483
2024/05/07	40,400	▲	1,400	+3.59	3,282,443	378,145	799,873	421,728	743,794
2024/05/03	39,000	▲	1,400	-3.47	1,519,458	430,538	108,472	-322,066	-79,119
2024/05/02	40,400	▲	350	+0.87	1,984,431	537,323	294,376	-242,947	-713,780
2024/04/30	40,050	▲	1,700	+4.43	6,270,716	802,088	1,272,921	470,833	661,950
2024/04/29	38,350	▲	200	+0.52	1,637,190	498,819	307,702	-191,117	-468,104
2024/04/26	38,150	▲	1,550	+4.23	1,832,019	278,524	555,511	276,987	226,451
2024/04/25	36,600	▲	500	-1.35	1,240,766	238,597	289,133	50,536	-422,990
2024/04/24	37,100	▲	1,800	+5.10	2,570,671	205,093	678,619	473,526	516,598
2024/04/23	35,300	▼	600	-1.67	1,503,835	217,823	174,751	-43,072	371,335
2024/04/22	35,900	▲	2,200	-5.77	2,494,084	677,266	262,859	-414,407	-300,709
2024/04/19	38,100	▼	950	-2.43	2,174,713	515,301	401,603	-113,698	-236,979

● 그림 5-10 이수페타시스 일간 차트(24.02~05)

이 있는 게임이라 판단되었다. 여러분도 이런 케이스를 본다면 놓쳐서는 안 된다.

〈그림 5-9〉에서 확인할 수 있듯이 약 247만 주의 프로그램 매수, 금액으로는 1220억 원가량의 큰 금액이 유입되며 장대 양봉을 그려 냈다. 골드존매매의 기준 봉이 만들어진 순간이다. 내가 트레이딩한 B, S 타점 내역을 보자(〈그림 5-11〉).

장 초반 급락할 때 차트상 원이 그려진 지점에서 저점 매수하고 고점 매도하면서 본격적으로 골드존 관점 매매를 시작했다. G1과 G2를 가이 드라인 삼아 근처에서 분할 매수했고, 적절한 시점부터 분할 매도로 대응하며 장을 매매를 마무리했다. 이것을 정형화된 틀에 넣어 보면 〈그림 5-12〉와 같다.

● 그림 5-11 이수페타시스 1분 차트(05.07) - Buy, Sell

정확히 G2 지점을 찍고 반등이 시작되었다. 만약 오전장에 더 큰 하락이 있었다면 더 많은 수량을 매수했을 것이다. 그만큼 확신이 있었던 이유는 장대 양봉이 그려진 전날, 프로그램 매수에 비해 매도가 상대적으로 적었고 그 추이도 강하지 않았기 때문이다. 골드존매매 결과는 〈그림 5-13〉과 같다.

독자 여러분도 과거의 차트를 확인하며 공부해 볼 필요가 있다. 골드

● 그림 5-12 이수페타시스 골드 라인(출처: 티마)

● 그림 5-13 5월 18일 이수페타시스 매매 결과

● 그림 5-13 5월 18일 이수페타시스 매매 결과

종목명	수량	매입가	매도체결가	실현손익	수익률	수수료	세금	신용0
이수페타	9	50,100	51,100	8,054	1.79	120	826	
이수페타	10	50,100	51,100	8,941	1.78	140	919	
이수페타	1	50,100	51,100	909	1.81		91	
이수페타	1	50,100	51,100	909	1.81		91	
이수페타	34	50,100	51,100	30,363	1.78	510	3,127	
이수페타	5	50,100	51,100	4,481	1.79	60	459	
이수페타	3	50,100	51,100	2,686	1.79	40	274	
이수페타	100	50,100	51,100	89,292	1.78	1,510	9,198	
이수페타	9	50,100	51,100	8,054	1.79	120	826	

존매매의 방식은 과거나 현재나 같다는 것을 강조하기 위함이고, 앞으로도 특별히 제도가 바뀌지 않는 한 같을 것이기 때문이다.

일주일의 스윙투자

INVESTING VS. TRADING

　과거 이 스윙투자에 대해 몇 개월에 걸쳐 검증한 적이 있다. 나는 스스로 어떠한 매매법이 맞지 않거나 확률이 낮다면 다른 투자자에게 함부로 말하면 안 된다는 생각을 가지고 있다. 배우는 사람 입장에서는 그것을 매매에 적용하며 몇 년을 소비할지 모르기 때문이다. 그래서 필자는 항상 먼저 해 보고 결과로 증명하고 난 후 가르쳐야 한다는 확고한 신념을 가지고 있다.

　검증 기간은 2021년 11월 16일부터 2022년 3월 15일까지로 약 4개월에 걸쳐 실시했다. 최대 8일 이전에 수익이든 손실이든 매도하는 스윙투자 위주로 매매했다. 절대적으로 기울어진 운동장에서 주식 투자를 하는 직장인과 자영업자분들이 매매할 수 있는 환경으로 설정했기 때문에 목표수익률은 한 달에 10%, 1년에 100%로 다소 보수적으로 정했다.

사실 이만한 수익률도 나쁘지 않다고 생각한다. 비중은 한 종목당 계좌 원금의 30%를 가급적 넘어가지 않게 했으며 1회 분할 시마다 10%씩 매수했다.

백화점식 매수를 하면 안 되는 이유

매매하다 보면 이것도 좋아 보이고 저것도 좋아 보일 때가 있다. 그렇게 조금씩 사다 보면 어느새 백화점식으로 많은 종목을 보유하게 되는데, 결국에는 컨트롤할 수 없게 되고, 그 결과 더 좋은 기회를 놓치는 우를 범할 수도 있다.
3종목이 가장 좋고, 많아야 4~5종목이 적당하다고 말할 수 있다.

검증 기간 중 코스닥 지수를 살펴보자.

● 그림 5-14 코스닥 지수(21.07~22.05)

● 그림 5-15 코스닥 대비 수익률

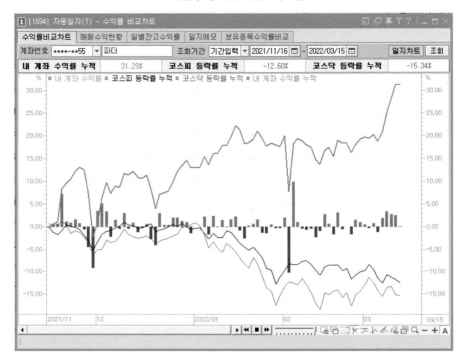

1,035포인트에서 시작한 가격은 871포인트로 끝났다. 기간 중 164포인트가 떨어졌고 비율로는 16% 하락한 만큼 그다지 좋지 않은 시장 상황이었음을 알 수 있다. 나는 1억 원을 기초자산으로 설정해서 검증을 시작했고, 기간 중 코스닥 지수 대비 수익률은 〈그림 5-15〉와 같다. 이때 일별 계좌 수익을 살펴보면 〈그림 5-16〉과 같다.

박스에 표시한 바와 같이 하루 거래 금액은 단타에 비해 현저히 적다. 나는 타점에 오면 매수하고 목표수익률에 도달하면 매도하기 때문에 굳이 잦은 매매를 할 필요가 없는 것이다. 4개월간 총수익률은 31.29%, 한

● 그림 5-16 2021년 11월부터 2022년 3월까지 수익

① [0392] 계좌수익률현황 - 일별계좌수익률현황

| 기간별수익률현황 | 일별계좌수익률현황 | 월별계좌수익률현황 | 연도별계좌수익률현황 | 주식종목별월수익현황 | 금현물일별수익률 |

계좌번호 ****-**55 ▼ 파더 비밀번호 ******** 조회기간 2021/11/16 ~ 2022/03/15

* 2006.04부터 조회 가능합니다. * 법인계좌는 2009.09부터 조회 가능합니다. * 토요일 입출금은 금요일(전영업일)에 포함됩
* 유가증권평가금 : 일반유가증권평가금(증권담보포함) + 신용융자평가금 + 신용대주평가금
* 손   익 : 기준일유가증권평가금 - 전일유가증권평가금 + 매도금 - 매수금 - 수수료 - 세금 + 출고금 - 입고금 - 이자금

| 매수합계 | | 3,448,656,486 | 입금합계 | | 0 | 입고합계 | | |
| 매도합계 | | 3,399,708,307 | 출금합계 | | 0 | 출고합계 | | |

일 자	예탁자산	유가증권 평가금	매수금 매도금		수수료 +세금	연체/ 신용이자	손익	수익률 (%)	누적손익 (손익합계)
2022/03/15	133,747,657	89,801,050	103,314,110 ((		131,313	0	-28,803	-0.02	31,870,802
			47,284,230 ((						
2022/03/14	133,776,460	33,668,660	23,872,320 ((		184,361	0	3,164,759	2.42	31,899,605
			73,798,000 ((						
2022/03/11	130,611,701	80,245,220	50,403,200 ((		136,645	13,765	3,429,635	2.70	28,734,846
			52,703,270 ((						
2022/03/10	127,182,066	78,965,245	76,199,540 ((		192,023	6,949	4,069,448	3.31	25,305,211
			73,733,655 ((						
2022/03/08	123,112,618	72,230,940	134,278,500 ((		604,732	0	2,170,443	1.79	21,235,763
			238,645,460 ((						
2022/03/07	120,942,175	173,822,725	137,974,050 ((		262,470	0	-1,503,740	-1.23	19,065,320
			98,703,680 ((						
2022/03/04	122,445,915	135,793,625	110,020,840 ((		127,717	0	846,618	0.70	20,569,060
			45,412,350 ((						
2022/03/03	121,599,297	70,210,800	46,941,150 ((		60,086	0	-344,471	-0.28	19,722,442
			21,665,305 ((						
2022/03/02	121,943,768	45,219,340	0 ((		0	0	516,010	0.42	20,066,913
			0 ((						
2022/02/28	121,427,758	44,703,330	8,637,650 ((		1,331	0	1,224,544	1.02	19,550,903
			18,350 ((						
2022/02/25	120,203,214	34,858,155	2,402,130 ((		92,471	0	1,695,484	1.43	18,326,359
			37,610,525 ((						
2022/02/24	118,507,730	68,278,595	23,190,805 ((		3,470	0	-2,060,710	-1.71	16,630,875
			0 ((						
2022/02/23	120,568,440	47,145,030	5,299,085 ((		790	0	1,775	0	18,691,585
			0 ((						
2022/02/22	120,566,665	41,843,380	7,741,440 ((		28,352	0	-712,792	-0.59	18,689,810
			11,104,550 ((						
2022/02/21	121,279,457	45,890,930	33,331,305 ((		168,967	0	3,692,543	3.14	19,402,602
			66,938,310 ((						
2022/02/18	117,586,914	75,636,425	28,507,120 ((		97,583	0	-2,055,028	-1.72	15,710,059
			38,090,800 ((						
2022/02/17	119,641,942	87,177,550	75,315,900 ((		11,290	0	745,385	0.63	17,765,087
			0 ((						
2022/02/16	118,896,557	11,104,975	0 ((		173,088	0	3,081,902	2.66	17,019,702

조회가 완료되었습니다. 연속자료가 존재합니다.

달 평균은 대략 8%로 나타났다. 수익금은 3200만 원가량 달성했다.

대장주 스윙매매법

이와 같은 결과를 내기 위해 어떻게 투자했는지 살펴보자.

첫 번째, 투자 대상 종목은 현재 이슈에 부합된 상한가로 대장주여야한다. 2등주가 대장주의 흐름을 따라오지 못할 때 오히려 매수 가능한 영역에 올 수도 있고 수익의 확률도 높다. 왜냐하면 2등, 3등주가 대장주에 버금가는 상승 곡선을 그린다면 매수해야 할 대상인 대장주는 더많은 급등을 하기에 스윙투자를 하기에는 적합하지 않고, 자칫 소외감때문에 추격 매수에 가담할 수 있기 때문이다.

두 번째, 스윙 전략을 세우기에 앞서 기본적으로 살펴야 할 것은 동종목이 시세를 주었는지 여부다. 만약 시세를 모두 주고 주도 세력이 빠져나갔다면 다음 시세를 기대하기 어렵기 때문이다. 시세를 주었는지여부에 대한 판단은 상한가 이후 9% 이상 상승했는지에 따라 정한다. 물론 이후에 더 상승하는 경우도 많으나 처음 배우는 입장에서는 자신만의 기준을 세우는 게 중요하다. 그래야 성공의 확률을 끌어올릴 수있다.

세 번째, 비중 조절이다. 가급적 최대 3종목 이내로 보유하며 한 종목당 원금의 30%를 넘지 않는다. 1회 분할 시마다 비중은 각각 10%로 하고 3분할까지 실행한다.

〈그림 5-17〉은 장대 양봉을 만들며 상한가를 간 일봉의 모습이다.

● 그림 5-17 장대 양봉 시 매수 시점

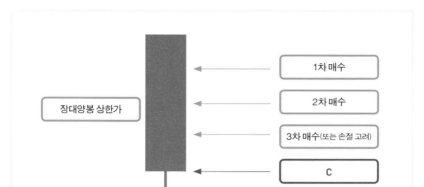

양봉이 길수록 분할 매수에 적합하다. 왜냐하면 상한가를 간 장대 양봉을 만들기 위해서는 많은 거래 대금이 발생하고, 이에 따라 자연스럽게 지지와 저항의 가격대가 생기기 때문이다. 따라서 이것을 활용하면 분할 매수 또는 손절의 기준을 쉽게 잡을 수 있다.

구체적인 트레이딩법으로는 1차 매수 진입은 상한 가격 대비 약 –5%부터 시작되고, 이후 라인 간 간격을 시장 상황에 따라 넓게 하거나 좁게 하면서 매수를 실행한다. 나는 라인 간 가격 차를 4~6% 두는 편이다. 여기에 더해 차트상 지지와 저항을 이용하거나 각 라인과 F존이 겹치는 부분에서 매수하면 확률이 더 높아진다.

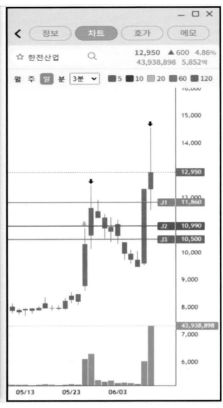

종목명	현재가	거래(억)	J1	J2	J3
카티스 06월 11일	5,530 ↑29.96%	798	5,310	4,920	4,700
국순당 06월 11일	7,020 ↑30.00%	1,113	6,740	6,250	5,970
해태제과식품 06월 10일	8,490 8.57%	399	7,510	6,960	6,650
한전산업 06월 10일	12,950 4.86%	5,852	11,860 (D+1)	10,990	10,500
제룡산업 06월 10일	6,530 4.67%	1,323	6,580 (D+1)	6,100	5,820
크라운제과 06월 10일	10,650 4.40%	926	10,690 (D+1)	9,910	9,470
크라운해태… 06월 10일	7,240 11.17%	298	7,820 (D+1)	7,250 (D+1)	6,930
세명전기 06월 10일	5,650 0.53%	1,515	5,400	5,000	4,775
우양 06월 07일	9,390 5.51%	1,431	8,670 (D+1)	8,040	7,680
강스템바이…	3,415	59	3,420	3,175	3,030

티마에 검색 또는 도출, 입력된 종목과 각종 참고값은 추천종목 및 매수추천가가
아닙니다. 모든 투자의 책임은 투자자 본인에게 있습니다.

마켓중심   마켓일정   F존플러스   시장종합

아무리 여유를 가지고 하는 매매라도 같이 움직이는 관련주와의 관
계를 고려해야 한다. 앞서 언급했듯이 2, 3등주가 잘 따라오고 활발히
움직일 때는 매수 가격을 조금 더 높여서 살 필요도 있다. 다시 말해 관
련주들이 급등세를 이어 갈 때는 1차 매수 가격을 -3% 라인으로 올리
는 등 유연성을 가지자. 이와 반대로 2, 3등주가 잘 따라오지 못한다면
가격을 더 낮추면서 트레이딩해야 한다.

2024년 6월 11일의 한전산업을 예로 들어 보자. 〈그림 5-18〉의 왼쪽은 검색된 38스윙 대상 종목이고, 오른쪽은 차트에 그려진 매수 라인이다.

1, 2, 3차 매수 가격을 J1, J2, J3 라인으로 표기했다. 박스에 그려진 바와 같이 한전산업은 J1 가격을 찍고 장중 18%가량 급등했다.

수익 실현 방법

분할 매수가 완료되었다면 평단가는 현재가보다 당연히 높을 것이기에 계좌 잔고에는 마이너스가 찍혀 있을 것이다. 이후 주가가 상승하며 평단가를 넘어 3% 정도의 수익이 발생하면 우선 절반을 매도하고, 향후 추이를 관찰하면서 분할 매도 관점으로 보다 길게 가져가는 전략을 구사한다. 전부 청산했을 때 8% 정도의 수익을 달성하는 것을 목표로 하는 것이다.

나는 '3%' 수익이 낮을 때 우선 절반을 '팔(8)'라는 의미에서 이 매매법을 '38스윙'이라 부르고 있다. 〈그림 5-19〉를 보면 2차 매수가 대비 약 +8% 지점(A)이 상한가를 간 가격의 바로 아래에 위치해 있음을 알 수 있다. 상한가 따라잡기에 성공해 수익을 낸 사람들의 좋은 기억과 이 가격을 하향 이탈하며 생긴 나쁜 기억이 충돌하는 지점이라 할 수 있다. 즉 저점을 형성하고 반등 시에 이 가격대에서 매수와 매도의 치열한 전투가 이루어지는데 'B' 지점이 저항선이 되는 이유이기도 하다.

즉 38스윙의 매매 원리는 상한가를 며칠 이탈했더라도 다시 반등하

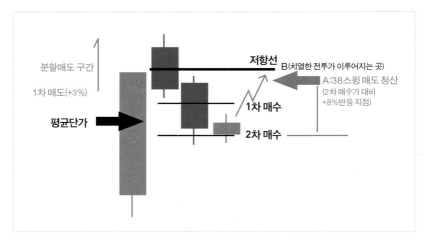

● 그림 5-19 38스윙 매매법

분할매도 구간

1차 매도(+3%)

평균단가

저항선
B(치열한 전투가 이루어지는 곳)

A:38스윙 매도 청산
(2차 매수가 대비
+8%반등 지점)

1차 매수

2차 매수

며 그 가격으로 가고자 하는 주가의 회기 본능을 이용한 것으로, 저항
선에 도달하기 전에 무리 없이 전량 매도하여 수익 실현하는 방법과 저
항선을 상향 돌파하는지 여부를 관찰하며 분할 매도로 대응하는 방법
이 있다. 이렇게 하여 한 번의 스윙매매 전략을 끝내고 빠져나오는 것
이다.

나는 과거 분할 매수 후 3% 수익 시 우선 50%를 팔(8)고 나머지는 분할 매도로 대응하며 수익을 챙기라는 의미로 '38스윙'이라 공개적으로 이야기했다. 스윙매매인데 3% 수익에 절반을 팔면 너무 적지 않느냐고 되물을 수도 있지만, 여기에는 자주 성공해 보고 자신감을 가지라는 의도가 숨어 있다.

많은 수익을 내기 위해 자그마한 수익을 포기하다 보면 오히려 손실로 끝날 때가 많다. 이때 상대적 박탈감과 후회가 밀려오지만 이미 늦었다. 따라서 수익을 줄 때 일부 팔고 나머지는 좀 더 여유롭게 가져가면, 자신감도 생기고 수익도 쌓는 보람을 느낄 수 있다. 그렇지 않고 큰 수익만 노리고 투자를 계속한다면 손실이 계속되고, 나중에는 슬럼프에 빠질 수도 있다.

원래의 뜻은 3~8일 안에 매수와 매도를 완료한다는 의미지만, 위에서 언급한 것이 더 나을 수도 있겠다.

스윙투자 손절법

앞서 언급한 바와 같이 3분할 매수를 기본적으로 하는데, 사실 2회 분할 후 상승 또는 반등할 때 매도하는 전략이 가장 이상적인 스윙투자 방법이라 할 수 있다. 마지막 3회째는 시장 상황에 따라 매수하거나 손절해야 할 때도 있는데, 분할 매수가 자칫 물타기가 되어 버려 더 큰 손실을 입을 수 있기 때문이다. 따라서 이를 방지하고자 세 번째 분할 매수 시점에서 때로는 손절을 택하는 과감함이 필요하다.

손절을 감행할 때는 주가의 상승 요인으로 작용했던 이슈가 사라졌거나 다른 종목으로 대장주가 바뀌었을 경우 또는 악재가 발생했을 때다. 물론 손절 이후 급반등하여 상대적 박탈감을 주기도 하지만 그것을 바라고 계속 보유한다면 종목의 시세에 계속 끌려다니게 되고, 혹시나 하는 기대 심리가 작용해 더 큰 손실을 입을 수 있다. 더불어 다른 수익의 기회도 놓칠 수 있다.

기준에서 벗어날 때는 과감히 손절을 하는 것이 당장은 아플지 모르나 장기적인 계좌 우상향에는 도움이 되는, 리스크 관리의 핵심이라고 할 수 있다.

손절선이 매수선이 되는 지점

〈그림 5-17〉의 장대 양봉 차트에서 'C'는 시초가를 나타내는데 많은 투자자가 이 라인을 지지선 또는 손절선으로 여긴다. 시초가를 하향 이탈하면 손절 물량이 대거 출회되기 때문에, 역발상으로 이를 받아먹는 투자 주체도 있다는 것을 이해하자.

따라서 장중에는 유심히 지켜보며 종가 기준으로 이를 회복했을 때 매수하는 방법도 나쁘지 않은 트레이딩이다. 실제로 이 라인에서 매수하는 스윙 트레이더도 많다.

주도주 스윙매매법

주도주 또는 대장주 매매는 투자 방법에 따라 종목이 달라진다. 즉 당일 단타 매매를 할 것이냐, 종가 베팅을 통한 오버 나이트를 할 것이냐, 아니면 며칠 또는 몇 주간의 스윙 트레이딩을 할 것이냐에 따라 종목 선택 기준이 다르다.

상한가 따라잡기 및 종가 베팅의 경우 대개 한 테마의 대장주를 트레이딩을 한다고 생각하면 어렵지 않다. 만약 스윙으로 초점을 맞춘다면 최근 핫한 종목으로 이슈가 계속 있으며, 주가는 상승과 조정을 거치면서 우상향으로 가는 종목이 대상이 된다. 또한 기관과 외국인 그리고 개인까지 합세한 수급의 변화의 따라 어느 주체가 시세의 상승과 하락을 주도하는지를 파악하면서 매매 포지션을 잡을 필요가 있다.

앞서 언급한 38스윙이 상한가를 간 종목 중 대장주를 대상으로 한 매매법이라면, 주도주 스윙은 비록 상한가는 가지 못했으나 시장 전체 또는 업종을 대표하여 투심에 긍정적 변화를 일으켜 시세를 리드하는 종목을 매매하는 방법이다.

실전 적용

실전 매매 사례를 통해 비중 조절과 함께 매매를 어떻게 했는지 알아보자. 먼저 비중을 이야기하면, 자신의 만족도와 감당할 수 있을 정도를 고려하는 것이 중요하다.

필자는 유한양행의 경우 5,000주(약 7억)를 심리 면에서 가장 안정된

● 그림 5-20 24년 10월 8일 보유 잔고 현황

	종목명	평가손익	수익률	매입가 ▼	보유수량	가능수량	현재가
	유한양행	94,825,357	19.07%	124,286	4,000	4,000	148,300
	*유한양행	24,048,964	19.45%	123,660	1,000	1,000	148,300
	*SK하이닉스	7,561,071	9.33%	162,100	500	500	178,000
	*SK하이닉스	6,236,393	3.64%	171,300	1,000	1,000	178,000
	*SK하이닉스	-3,249,550	-3.53%	184,100	500	500	178,000
	*SK하이닉스	-3,051,000	-1.69%	180,677	1,000	1,000	178,000
	*삼성전자	-906,580	-0.38%	60,400	4,000	4,000	60,300

총매입 1,387,480,133 총손익 125,464,655 실현손익 -743,857 일괄매도
총평가 1,516,700,000 총수익률 9.04% 추정자산 조회

조회가 완료 되었습니다.

수량이라 판단했고, 주가가 상승과 하락을 거칠 때 적절한 매수와 매도를 통해 비중을 유지하며 트레이딩했다. 10월 8일 현재도 홀딩 중이다.

더불어 SK하이닉스는 추가 매수, 삼성전자는 신규 편입했다. 이로써 SK하이닉스는 목표 수량인 3,000주를 채웠고, 삼성전자는 1차로 4,000주를 매수했다. 진입한 이유는 당일 장 시작 전에 잠정실적 발표가 있었고 비록 시장 컨센서스를 하회하는 결과가 나왔지만, 그동안 어느 정도 예상된 바 있는 수치였기 때문이다.

필자는 이것을 악재의 현실화라 판단했고, 〈그림 5-22〉에서 보듯 주가에 선반영되었다고 생각했다. 실제로 SK하이닉스 등 다른 종목들은

● 그림 5-21 삼성전자 실적 관련 뉴스

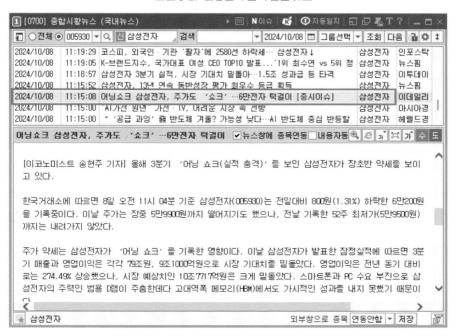

저점에서 어느 정도 반등을 해 주었으나 동 종목은 전혀 그렇지 못했다. 최종 목표 수량은 8,000주, 금액으로는 약 5억 정도를 가져갈 생각이었다. (사실 10월 8일은 원고를 수정하는 마지막 날이었기에 그 결과를 본문에 못 실었지만 출간된 후에 이에 대해 토론하는 시간을 가졌으면 한다.)

앞서 언급한 세 종목을 주도주 스윙 관점에서 매매한 이유에 대해서 더 자세히 이야기하겠다.

종목 포트폴리오 측면에서 본다면 SK하이닉스와 같은 반도체 섹터 지만, 트레이딩 관점에서는 서로 상이한 케이스라고 여겨서 진입했다.

삼성전자는 실적에 대한 악재가 주가에 선반영되었고, 그것이 어느 정도 소멸되었다 판단했다. 임원진의 사과와 향후 다짐 그리고 6만 원대

● 그림 5-22 삼성전자 일간 차트(24.04~10)

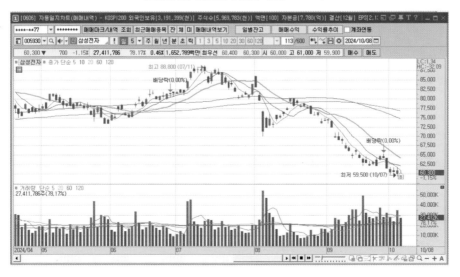

를 지지하겠다는 의지가 바닥권에서 보였다. 차트에서 보는 바와 같이 한때 5만 원대로 하락했으나 그것을 회복하려는 양봉을 계속 그리고 있다는 점에서 긍정적으로 보았다. 물론 당시 지속되던 외인의 매도가 줄어들지 아니면 순매수로 돌아설지는 계속 관찰할 필요가 있을 것이다. 1차 목표가는 65,000원, 2차 목표가는 70,000원으로 설정했다.

반면 호실적이 예상되는 하이닉스는 통상 10월 말에 실적이 발표되는데, 그때까지는 우상향 곡선을 그릴 거라 판단했다. 목표가는 20만 원으로 설정하고, 회복되리라 기대했다. 다만 10월 8일에 주가가 하락할

● 그림 5-23 SK하이닉스 일간 차트(24.05~10)

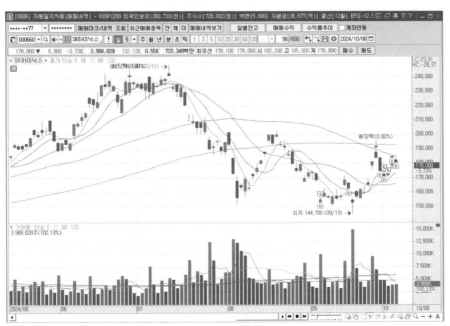

때 18만 원은 지지해 줄 거라는 생각에 성급히 매수한 것은 조금은 아쉬운 결정이었다.

다시 말해 반도체 업종을 둘이나 매수한 것은 삼성전자는 악재의 소멸로 불확실성 제거라는 측면에서 반등의 소지가 있다 판단하여 진입한 것이고, SK하이닉스는 실적이 발표되는 시점까지 지켜보되 목표가에 도달하면 매도 청산한다는 계획으로 트레이딩한 것이다.

다음은 유한양행이다.

티마의 히스토리에서 보는 바와 같이 폐암약인 '렉라자 국산 항암제 최초 미 FDA 승인'이라는 이슈가 모멘텀으로 작용하며 시세의 시작을 알렸다. 뉴스 당일에는 시초가 약 10% 정도 갭 상승과 함께, 장중에는 17% 가까이 급등했으나 결국 큰 음봉으로 마감했다. 하지만 필자는 이만한 호재의 종목이 여기에서 시세가 끝나지 않을 거라고 판단했고, 장 마감 동시호가에 매수하여 〈그림 5-25〉와 같이 거래

● 그림 5-24 유한양행 관련 이슈〔출처: 티마〕

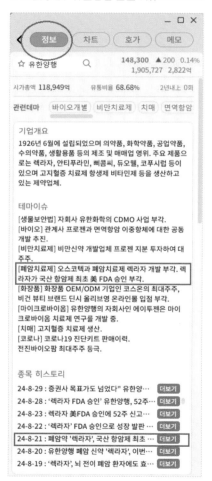

에 나섰다.

FDA의 승인이 발표된 24년 8월 21일부터 매매를 시작했고, 중간 중간 수익을 실현하며 비중 조절을 했다. 차트는 신고가를 경신한 후 많은 거래 대금과 함께 'N' 자형 상승 형태를 보이고 있다. 또한 10월 4일에는 렉라자 미국 약값이 1년에 3억 원이라는 호재성 뉴스가 등장하며, 상승의 주 요인으로 작용했다.

이처럼 꺾일 듯하면서도 아래서 지지받고 다시 들어 올리는 형태는 전형적으로 종목이 신고가를 경신할 때의 모습이기도 하다. 이러한 종

● 그림 5-25 유한양행 일간 차트(24.05~10) - Buy & Sell

일자	구분	종목명	수량	매입가	매도체결가	실현손익	수익률	수수!
2024/09/04	현금	유한양행	500	143,866.67	141,300	-1,431,883.33	-1.99	21,3
2024/08/30	현금	유한양행	243	135,000	137,400	513,182	1.56	9,9
2024/08/30	현금	유한양행	10	135,000	137,400	21,127	1.56	4
2024/08/30	현금	유한양행	15	135,000	137,400	31,691	1.56	6
2024/08/30	현금	유한양행	10	135,000	137,400	21,127	1.56	4
2024/08/30	현금	유한양행	2	135,000	137,400	4,226	1.57	
2024/08/30	현금	유한양행	10	135,000	137,400	21,127	1.56	4
2024/08/30	현금	유한양행	160	135,000	137,400	337,899	1.56	6,5
2024/08/30	현금	유한양행	35	135,000	137,400	73,925	1.56	1,4

목들은 목표가가 설정되어도 그것을 훌쩍 뛰어넘기도 한다. 즉 시세의 끝을 가늠하기 어렵기 때문에 꾸준히 관찰하면서 눌림에서 매수하고, 시세를 줄 때 빠져나가는 전략을 구사하는 것이 좋다. 필자 또한 2회에 걸쳐 스윙매매를 했는데 나름 성공적인 트레이딩을 했다.

약 2주 동안 1억 2700만 원 정도의 수익을 실현하고, 9월 5일부터 2차 스윙매매를 진행했다. 앞서 10월 8일 현재 보유 잔고에서 보는 바와 같이 약 20%의 수익을 기록하고 있었다. 이 기간에는 일정 수량을 꾸준히 보유하면서 장중 눌림매매나 종가 베팅을 했다.

세 종목을 통해 주도주 스윙매매에 대해서 알아보았다. 유한양행은 신고가 행진을 이어 가는 상태의 트레이딩이고, 삼성전자와 SK하이닉스는 반등 차원의 주도주 스윙매매라 할 수 있다. 개인적으로는 원고 마감에 쫓겨 SK하이닉스와 삼성전자의 매매 결과에 대해 마무리 짓지 못한 것이 무척 아쉽지만, 독자 여러분은 그것의 결과보다는 '왜?' 진입했는가에 방점을 둬야 한다. 앞서 언급한 매수 이유가 독자들이 앞으로 트레이딩을 하는 데 있어서 많은 참고가 될 것이다. 허락된다면 출간 후 해당 종목들을 손절했는지, 수익을 실현했는지에 대해 이야기하는 시간이 있었으면 한다.

외인과 기관이 팔면 무조건 악재일까?

매매일지를 통해 외인, 기관 등의 수급 주체에 따라 어떻게 대응하는지에 대해 알아보겠습니다.

2017년 11월 7일 매매일지

오늘 매매는 티슈진만 가지고 했다. 원래 막 상장한 주식 매매는 하지 않는 편인데 결과적으로는 나름 괜찮은 매매였다.

● 그림 5-27 2017년 11월 7일 매매 결과

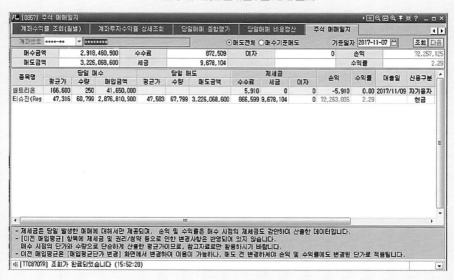

매매 이유:

요새 핫한 제약 바이오주 가운데 앱클론, 신라젠, 티슈진 등이 어제 시간 외단일가에서 각각 3%대, 1%대, 2% 가까이 상승했다. 물론 티슈진은 어제 상장해서 시초가 대비 급락했지만, 앱클론, 신라젠보다는 티슈진을 매매하는 게 옳다고 생각했다. 왜냐하면 앱클론, 신라젠은 최근에 많이 올라 차트상 고점 부근이었다. 또 신라젠은 어제 시간외에서는 좋았으나 아랫꼬리가 길어 다소 부담스러웠다.

반면 티슈진은 공모가 대비 거의 두 배 오른 가격에서 시초가가 형성되었고, 기관과 외인의 매물 폭탄으로 개인만 400만 주 매수한 상태였다. 나는 이 점에 개의치 않고 매수 홀딩한 상태로 오버 나이트를 하기로 했다. 왠지 한 번은 크게 갈 것 같았다. 신라젠은 저점 대비 얼마나 많이 올랐으며, 앱클론 또한 어떠한가? 티슈진이 이 두 종목보다 못한다는 객관적인 데이터는 없다. '티슈진이 한 번은 갈'것이다, 얼마까지 갈지는 모르지만.' 나는 이렇게 여겼다. 이렇게 끝날 종목이 아니라고 판단했다. 기껏해야 공모가 대비 두 배도 못 간 상태 아닌가? 다른 것들은 몇 배나 올랐는데 말이다. 그런데 무식하게 상한가까지 밀어 버릴 줄은 미처 예상치 못했다.

나는 하루 종일 이 종목과 씨름하며 분할 매수, 분할 매도를 계속했는데, 거의 모두 팔았을 때쯤에는 상한가에 도달해 있었다. 잠시 상한가에서 공방할 때 사고팔고를 몇 번 했지만 수익금을 지켜야 한다는 생각 때문에 전량 청산한 후 장을 마쳤다. 오늘 기관과 외인은 어제보다는 아니지만 계속 매도세를 이어 갔다.

개인이 상식 밖으로 너무 많이 샀다는 것은 큰손이 들어왔다는 의미로도 해석될 수 있습니다. 대부분이 기관이나 외인이 사면 좋고, 개인이 사면 안 좋다고 생각하는데, 이건 상황마다 다릅니다. 말로는 설명할 수 없는 시장의 느낌이 있고, 그래서 오히려 개인(또는 세력)이 주도할 때 더 크게 상승하는 경우도 꽤 있습니다.

개인도 매수 주체 세력이다

매수 매도 주체에 대한 편견을 갖지 않았으면 한다. 물론 기관과 외인의 연속적인 매수나 매도는 그 종목을 거래하는 데 있어서 중요한 상황이며, 참고할 만하다. 그러나 어떠한 매수 주체가 샀으니 무조건 좋다, 안 좋다 이렇게 치부해 버리면 매매가 경직되어서 보다 유연한 매매를 할 수 없다. 어떻게 보면 개인 여럿도 큰 매수 주체(세력)라 할 수 있다. 주식 투자자는 누구보다도 유연한 사고를 가져야 함을 잊지 말자.

소는 살고 말은 죽는다

대부분의 실패하는 투자자는 주식을 너무 복잡하게 생각합니다. 이런 투자자들은 주식이 어렵다고 생각하기 때문에 더 어렵게 공부합니다. 그러나 주식은 생각보다 단순합니다. 단기 투자는 더 그렇습니다.

'단순함이 복잡함을 이긴다'

반대의 입장에 서 보면 주가의 흐름을 이해할 수 있고, 주변을 배제하고 있는 그대로를 보고 단순하게 생각한다면 결국 단기 트레이딩이라는 것은 기술적인 매수와 매도 그리고 마인드에 있다는 것을 알게 될 것입니다.

초보 투자자나 초보를 막 벗어난 분들이 공부하는 내용들을 보면 안타까운 마음이 듭니다.

'왜 저것을 공부할까?'
'왜 저런 식으로 매매를 할까?'
'왜 그렇게 생각하고 판단을 할까?'

사실 수많은 주식 용어나 보조 지표는 제가 여러분보다 모르면 몰랐지, 더 많이 알고 있다고 생각하지 않습니다. 저도 처음에는 밤새워 열심히 공부했습니다. 하지만 지금은 아무것도 기억나지 않습니다. 그것들을 매매에 활용하지 않기 때문이지요.

주식은 처음 어떻게 시작하느냐가 가장 중요합니다. 방향을 잘못 잡으면 몇 년, 아니 평생을 소비할 수 있기에 더욱더 그렇지요. 주식을 보는 관점, 트레이딩의 방향이 맞다면 십중팔구는 성공할 수 있습니다. 물론 계속적인 훈련과 연습을 해야 하는 것은 두말할 필요도 없겠지요. 그러나 불행히도 이 책을 접하는 모두가 그렇게 된다고 생각하지 않습니다. 매매하다 보면 무언가를 찾게 되고, 그렇게 다른 방향으로 가기도 합니다. 배경에는 언제나 탐욕이 존재합니다.

많은 투자자가 주가의 흐름에는 뭔가 복잡하고 엄청난 비밀이 있다고 여깁니다. 그것만 찾으면 미래의 주가 방향을 예측할 수 있으며, 그렇게 큰돈을 거머쥘 거라고 생각합니다. 그래서 그 비밀을 풀기 위해 새벽까지 공부하고, 수많은 갈등과 실패를 거듭하며 실의에 잠기기도 합니다. 그러다가 고장난 시계도 하루에 두 번은 맞히는 것처럼 어쩌다 맞는 기법에 유레카를 외치기도 합니다. 하지만 그것의 결과는 불 보듯 뻔하고, 다시 한 번 절망의 늪으로 빠지게 됩니다.

주식은 신도 모른다고 합니다. 그러니 주식하는 사람이 처음부터 어찌 꽃길만 걷겠습니까? 험난한 주식시장. 기쁨도 맛보지만 슬픔과 분노, 좌절과 극한의 공포도 경험할 수밖에 없습니다. 초보 투자자나 입문자가 겪어야 할 당연한 과정이고 아픔이라 생각합니다. 저 역시 피해 가지 못했습니다. 기를 쓰고 정답을 찾고자 수고하는 시장이며, 어떻게든 수익을 짜내고자 대가를 치를 수밖에 없는 곳입니다. 그렇다고, 그것이 당연하다고 언제까지 거기에 머무르면 안 됩니다. 자신의 실력과 공부한 것만 맞고 다른 것은 틀리다고 고집 부린다면 거기에서 영영 빠져나오지 못하고, 살아날 기회조차 놓치는 우를 범할 수도 있습니다.

다시 깨어나 방향을 바로잡고 극복해 나가야 합니다. 그 과정 하나하나가 내공이 되고, 그런 것들이 모여 프로 트레이더가 되는 길이 되어 줄 것입니다.

투자는 기술입니다. 공부를 아무리 많이 한들 예술가가 되는 건 어렵지만 기술자는 노력으로 될 수 있습니다. 완벽함을 쫓는 예술가가 되려 하지 말고 단순함의 기술자가 되십시오. 매수도 기술, 매도도 기술적으로 하시길 바랍니다.

모든 기술자는 물론 심지어 예술가도 궁극적으로는 단순함이 경지에 오르는 길이라고 합니다. 우생마사(牛生馬死), 소는 살고 말은 죽는다는 의미의 사자성어입니다. 장마철 홍수로 갑자기 불어난 물에 소와 말이 동시에 빠지게 되었는데, 수영을 잘하는 말은 익사하고 수영을 못하는 소는 살아남았다는 일화에서 유래되었습니다. 말은 자신의 수영 실력을 믿고 살기 위해 몸부림치다 보니 힘이 빠져 물에 가라앉아 익사를 한 반면, 소는 힘을 빼고 물살에 몸을 맡겨 떠내려가다 보니 자연스레 육지에 도착해서 살아남았다고 합니다.

우생마사의 교훈에서 볼 수 있듯 말처럼 강한 물살을 거슬러 올라가려고 하지 말고 소처럼 물살에 몸을 맡겨 힘을 빼고 그 흐름을 따라가다 보면 분명 월 천을 넘어 그 이상의 성과를 이룰 것입니다.

성공 투자를 위한 필수 요소

성공 투자를 위한 필수 요소라 할 수 있는 몇 가지 당부의 말을 드리겠습니다.

첫째, '주식 투자는 쌓아가는 것이지, 한 번에 잭팟을 터트리는 작업이 아니다.'

이것이 독자분들에게 제안하는 첫 번째 미션입니다. 본문에서 누누이 언급한 것처럼 원금을 갉아 먹을수록, 즉 손실이 누적될수록 투자는 급해지기 마련입니다. 그러나 시장은 절대 급하게 움직이지 않습니다. 본인만 급할 뿐입니다. 따라서 냉정한 시선으로 시장을 바라보며 하나씩 쌓아 간다는 마음가짐으로 매매하다 보면, 손실분을 생각보다 빨리 회복하는 것은 물론이고 어느새 수익으로 전환될 것입니다.

둘째, 긍정의 마인드입니다.

인생은 말하는 대로 된다고 합니다. 저 역시 투자 초기에는 1억을 벌고 싶었고, 생활비가 없는 와중에 연속적으로 손실을 보면서 죽고 싶다는 생각을 하루에도 수없이 했습니다. 이런 암울한 생각은 밤에 대리운전까지 하는 등 일하면서 견뎌 냈습니다.

무엇보다 입으로 "1억 할 수 있다, 할 수 있다, 할 수 있다!" 하고 외친 게 도움이 되었습니다. 혼자 있을 때는 물론이고, 공중 화장실에서도 미친 사람처럼 수없이 되뇌었습니다. 그리고 마침내 이루었습니다.

강한 멘탈과 무한한 긍정의 마인드는 아무리 강조해도 지나치지 않습니다. 활주로를 달리지 않고 단번에 뜨는 비행기는 없습니다. 비록 지금은 힘들어도, 참고 또 참으며 배우면 반드시 좋은 결과가 온다는 확신을 가지세요. 모든 사람을 성공으로 이끄는 가장 중요한 요소가 아닐까 생각합니다.

셋째, 투자의 기술입니다.

주식 투자는 학문이 아닙니다. 외우거나 계산한다고 해서 잘해지는 게 아니라는 뜻입니다. 많은 사람이 투자에 실패하는 이유이기도 합니다. 그럼에도 불구하고 밤새도록 엉뚱한 공부만 하니 어려워질 수밖에요. 그래서 한 번 넘어지면 다시 일어서는 게 쉽지 않습니다.

투자의 기술을 꾸준히 배우고 익힌다면 몇 번의 손실과 시련에도 불구하고, 복구하고 수익 전환하고 더 크게 성장할 수 있습니다. 이 책에 투자의 기술과 마인드 사례 등을 실어 어떻게 해야 돈을 벌 수 있는지, 무엇이 가장 효과적인 트레이딩인지를 반복해서 설명했습니다. 한 번의 정독도 중요하지만 다독을 곁들인다면, 이해의 폭이 넓어짐과 동시에

체화됨으로써 트레이딩 기술을 자연히 익힐 수 있을 것입니다.

꾸준히 한 방향으로 나아가세요. 그리고 내가 빛날 시간은 반드시 온다고 마음먹고 트레이딩하길 바랍니다.

독자 여러분의 행운을 빌겠습니다.

부록

주요 테마주
현황

방위산업

국가를 방위하는 데 필요한 무기, 장비품, 기타 물자를 생산하는 기업군으로 중대형주는 수출이나 실적에, 소형주는 대외적인 전쟁이나 북한 도발 이슈에 주가가 반응하는 편이다.

러시아-우크라이나 전쟁이 장기화되고 중동전쟁이 확산되면서 K-방산의 무기들은 계속 주목받는 추세다. 또한 정부가 글로벌 방위산업 4대 강국 도약을 목표로 방산 수출 확대를 추진하면서, 2024년 K-방산 주요 기업들이 수주 확대로 실적 기대감에 크게 주가가 오른 상태다.

관련 종목

■ 한화에어로스페이스

한화그룹의 계열사로 우주/항공/육/해/공 방위산업을 영위. 폴란드에 K9 자주포 등을 수출 계약하고 발사대와 차량을 맡은 중거리 지대공 유도무기 천궁II의 이라크 수출 성사.

■ LIG넥스원

LIG그룹 계열 방위산업체. 미사일과 통합 체계를 맡은 중거리 지대공 유도무기 천궁II의 UAE와 사우디, 이라크 수주에 잇달아 성공하고, 2024년 군용 특화 사족 보행로봇 기술에 강점을 가진 고스트로보틱스 인수를 통해 무기체계의 무인화를 추진하고 있음.

■ 현대로템

현대자동차그룹 계열 방위산업체. 폴란드에 K2 전차 수출 계약을 수주하는 등 최대 실적 달성.

■ 휴니드

이스라엘과 헤즈볼라의 전쟁 확대로 이스라엘 방산업체에 장비 납품 이력 부각.

■ 스페코

방산테마 소형주로 이스라엘과 헤즈볼라의 전쟁 확대로 상승.

K뷰티

화장품 자체 생산, 판매, 개발 및 OEM(주문자 상표 부착 생산), ODM(제조자 개발 생산), 원료 사업, 포장용기 생산 등을 영위하는 종목군과 피부용 레이저, 보톡스 등 미용 관련 의료기기 제조/판매 기업군으로 나뉨. 중국 수출에 의존하던 화장품 시장이지만 최근 유튜브, 틱톡 등을 통해 K뷰티에 대한 전 세계적인 관심이 높아지면서 화장품, 미용기기 수출이 역대 최고치를 찍음. 호실적으로 시장을 견인. 워런 버핏이 미국판 올리브영인 울타뷰티에 투자했다는 소식과 중국 경기부양 정책에 K뷰티 관련주 재부각.

관련 종목

■ 실리콘투

자사 화장품 판매 플랫폼인 스타일코리안을 통하여 전 세계 100여 개의 국가에 이커머스 역직구 판매업체로, 글로벌 K뷰티 성장을 주도하는 유통사로서의 역할을 하고 있음.

■ 한국화장품제조

기초화장품부터 색조화장품까지 다양한 제품을 생산하며 OEM과 ODM 방식으로 전 세계에 제품을 공급.

■ 브이티

K뷰티 인디 브랜드계의 샤넬로 불리며, 자사 제품인 '리들샷'이 일본에서 큰 인기를 얻으며 호실적으로 주목. 동남아시아와 미국, 중국 등 다양한 해외시장으로 진출한 상태.

■ 아모레퍼시픽

중국 매출 비중이 높은 대형 화장품업체. 중국 경기부양 정책으로 수혜를 볼 것이라는 기대감.

■ 에이피알

뷰티 기기를 판매해 2023년 매출 5200억 원을 달성하며 2024년 초 코스피에 상장한 미용기기 기업.

의대 증원

   윤 정부의 의대 정원확대 정책으로 부각된 종목군. 2024년 2월 1일, 정부는 필수의료 정책 패키지를 발표했고, 이에 반발해 2024년 의료정책 추진반대 집단 행동이 일어남. 이러한 의료계의 반발로 의대생 동맹 휴학 및 전공의 파업으로 의료대란이 야기되었고, 이에 원격의료 관련 주 부각. 의대 입시 재수생의 증가가 예상되면서 교육 테마도 함께 부각됨.

관련 종목

■ 인성정보
   대표적 원격의료 서비스 관련주로 계열사 하이케어넷을 통해 해외시장에 홈케어 솔루션, 원격진료 플랫폼, 보험 수가 기반 원격모니터링 플랫폼 사업을 진행 중.

■ 유비케어
   모바일 진료 예약 서비스 '똑닥' 운영사인 비브로스의 지분 44.42%를 보유하며 EMR 솔루션 사업을 영위.

■ 비트컴퓨터

다양한 규모의 의료기관에 의료정보시스템을 개발 및 공급 중이며, 2023년 EMR 연동 비대면 진료 플랫폼 '바로닥터' 서비스를 출시.

■ 비상교육

의대 증원 기대감에 학원가에서 의대 반수반 조기 모집, 직장인을 위한 의대 야간반을 신설하며 교육 열풍 기대감.

진단키트

COVID-19 진단키트 및 진단키트 원료(진단시약) 제조업체. 세계보건 기구는 2020년 3월에는 팬데믹을 선언. 세계 각국의 정부들은 여행 제 한, 외출 통제, 봉쇄, 시설 출입 제한, 역학 조사 등을 시행하며 진단 수 요가 높아졌고, 우리나라 기업들이 빠르게 개발하며 진단키트 관련주 가 급등하고 실제 매출로도 이어짐. 팬데믹이 종료되고 관련주들이 하 락했으나, 2024년 여름 코로나 재유행으로 진단키트 수요 급증.

관련 종목

■ 씨젠
세계 최초로 코로나 진단키트를 개발하여 2020년 4월 미 FDA로부 터 COVID-19 검진을 위한 자사 제품의 긴급 사용 승인을 받음.

■ 휴마시스
항원 및 항체를 기반으로 하는 다양한 진단키트를 생산하는 기업으 로 셀트리온과 공동 개발한 COVID-19 자가진단키트가 식약처의 허가 를 받음.

■ 랩지노믹스

체외진단 서비스 및 체외진단 제품 개발 및 생산 전문업체. COVID-19 진단키트를 미국에 수출하면서 부각.

■ 엑세스바이오

코로나 진단 제품 5종에 대하여 미 FDA로부터 긴급 사용승인 획득. COVID-19 진단키트를 생산하는 웰스바이오를 자회사로 보유.

■ 수젠텍

체외진단용 의료기기 및 진단시약류 제조/판매업체로 2020년 3월, 혈액으로 10분 내 진단 가능한 COVID-19 신속진단키트 개발에 성공.

가상화폐

디지털 또는 암호화된 형태의 통화로, 중앙 기관 없이 블록체인 기술을 통해 거래되고 투자와 거래에 사용됨. 비트코인이 대표적임. 가상화폐 거래소 또는 블록체인 관련 사업을 하는 종목군으로 비트코인 시세와 주가가 비슷하게 반응하는 편. 2024년 3월 비트코인이 1억 원을 돌파하며 관련 종목군도 크게 상승. 미 대선 트럼프 후보의 가상화폐에 우호적인 발언으로 가상화폐 관련주가 트럼프 관련주로 포함.

관련 종목

■ 우리기술투자

국내 가상화폐거래소 업비트를 운영 중인 두나무 지분을 7.20% 보유. 비트코인의 두드러진 시세가 있을 시 강세나 약세를 보이고, 두나무 IPO 이슈로도 부각됨.

■ 한화투자증권

국내 가상화폐거래소 업비트를 운영 중인 두나무 지분을 5.97% 보유. 비트코인의 두드러진 시세가 있을 시 강세나 약세를 보이고, 두나무

IPO 이슈로도 부각됨.

■ 갤럭시아머니트리

전자결제사업, O2O_{Online to Offline} 사업 등을 영위하는 업체. 비트코인 결제 전문 기업 코인플러그와 비트코인 결제서비스 제공을 위한 제휴 계약을 체결하고 비트코인 결제 사업도 영위 중.

■ 위메이드

자체 개발한 블록체인 플랫폼 '위믹스'를 기반으로 한 위믹스 코인을 보유 중. 위믹스 코인 상장폐지와 재상장 이슈로 급등락이 있었음.

■ 위지트

지분을 보유하고 있는 티사이언티픽이 가상화폐 거래소 빗썸의 운영 사 빗썸코리아 지분 보유.

중동전쟁

　이스라엘-팔레스타인 전쟁이 시발점. 이스라엘 vs. 이란, 하마스 연합의 전쟁으로 확대됨. 후티반군이 홍해 외국 상선들을 공격하여 해운 대란이 일어났고 이에 해운주가 급등함. 또한 전쟁 확전 우려에 유가가 급등하여 석유, 가스와 관련된 종목군이 부각. 이외에도 이스라엘에 방산부품 납품이력이 있는 기업들이 시장에서 부각됨.

관련 종목

■ 흥구석유
　석유류 도/소매사업을 하는 기업으로 전쟁 확전 우려에 유가 급등에 따른 반사이익으로 반응.

■ 한국석유
　석유류 도/소매사업과 아스팔트 생산. 전쟁 확전 우려에 유가 급등에 따른 반사이익으로 반응.

■ 지에스이

도시가스 공급 사업을 하며 천연가스 가격 급등에 반응.

■ 흥아해운

아시아 지역에서 해상운송 사업 영위. 홍해 외국 상선들을 공격한 후티반군의 영향으로 홍해 물류가 막히면서 해운사들은 아프리카 희망봉을 도는 우회로 이용. 해상운임 상승 우려에 부각.

■ 스페코

워터젯 등 방산부품 생산. 전쟁 확전 우려에 방산 기업 등이 반응.

■ 휴니드

이스라엘과 헤즈볼라 간 전쟁 확대로 이스라엘 방산업체에 장비 납품이력 부각.

ChatGPT

　질문을 입력하면 인공지능(AI)이 빅데이터 분석을 바탕으로 일상 언어로 사람과 대화를 하며 해답을 주는 대화형 메신저인 오픈 AI의 ChatGPT의 전 세계적인 열풍으로 빅테크들 간 경쟁이 심화됨. 미 반도체업체인 엔비디아 상승의 기폭제 역할을 함. 오픈 AI에서 GPT스토어가 출시되면서 개개인이 활용하던 맞춤형 GPT의 공유로 활용성 기대감에 테마 형성.

*GPT(Generative Pre-trained Transformer, 언어 모델)

관련 종목

■ 이스트소프트

　소프트웨어사업, 보안사업, 인공지능(AI)사업 영위. MS와 손잡고 AI 휴먼 기반의 글로벌 사업 본격화.

■ 폴라리스오피스

　오피스 소프트웨어사업 영위. AI 음성인식 기술 활용 SW 개발, 오픈 AI사의 GPT-4DP에 대한 다양한 AI 기능 적용.

■ 셀바스AI

인공지능 기반의 필기 및 영상, 음성 SW 개발 및 판매. 최첨단 딥러닝 기술 국내 시장 1위.

■ 한글과컴퓨터

국내 대표 워드프로세서 업체로, 인공지능 스타트업인 포티투마루에 투자하여 AI사업 본격화.

■ 에스피소프트

MS의 주요 SPLA 라이선스 유통사로 라이선스 공급 외에 ChatGPT 기반 코파일럿, 가상 OS(운영체계) 등 다양한 생성형 AI사업을 진행 중.

원자력발전

2008년 이명박 정부, 원자력 육성정책 발표로 생성된 테마. 전 세계적으로 에너지 수요 증가 및 친환경 정책 시행에 따른 원자력발전 필요성 증대. 해외 국가들의 원자력발전 사업확대 정책으로 국내 원자력 기업들의 해외 수주(UAE, 체코 원전) 기대감이 높아짐. 소형모듈원자로$_{SMR}$ 기술 등장 및 윤석열 대통령의 '친원전 정책'으로 다시 주목받는 테마.

관련 종목

■ 한전산업

스마트그리드 보급사업 진행, 검침사업과 발전사업 영위. 체코 원전사업 선정과 폭염 전력 수급 이슈로 부각.

■ 우리기술

제어계측 전문업체로 한국형 원자로의 핵심 기술 중 하나인 원전계측제어시스템을 국내 유일 보유. 신고리 3~4호기 등에 관련 기술을 적용.

■ 보성파워텍

전력산업 기자재 생산 전문업체. 체코 원전사업자 선정과 신한울 3~4
호기 건설 허가 이슈로 부각.

■ 우진

산업용계측기 및 제어장치를 제조/판매하고 원자력환경기술 개발 지
분을 인수하여 국내외 원전 폐로 사업에 진출. 원전 화재와 소형모듈원
자로$_{SMR}$ 기술개발 참여로 부각.

■ 한신기계

공기압축기 전문 제작업체로 원자력발전소용 공기압축기를 국내 주
요 원자력발전소에 공급.

반도체

   반도체 재료, 부품, 장비 등 개발 및 생산 판매 기업군. 세계적인 메모리반도체 업체로 삼성전자, SK하이닉스가 우리나라 시총 1, 2위 기업. 최근에는 AI발 엔비디아 칩 공급 부족으로 엔비디아에 HBM을 공급하는 SK하이닉스향 반도체 관련주들과 HBM 후속으로 차세대 메모리 기술인 CXL의 삼성전자 개발 이슈로 삼성전자향 반도체 관련주들이 시장에서 부각됨. 미 필라델피아 반도체 지수나 엔비디아 주가에 영향을 받음.

관련 종목

■ SK하이닉스
   메모리반도체 업체로 엔비디아의 HBM을 납품하여 HBM 관련 대장주로 시장을 견인함.

■ 한미반도체
   반도체 장비 업체로 HBM TC본더를 SK하이닉스에 공급하는, 대표적인 SK하이닉스향 반도체 업체.

■ 네오셈

반도체 후공정 검사장비 업체. 삼성전자에 HBM 테스트 장비 납품 소식에 반응. 제2의 HBM이라는 CXL 검사장비 개발 이슈에 부각.

■ 와이씨

고속 메모리테스터 검사장비 제조/공급. 삼성전자가 2대 주주. HBM 웨이퍼 테스트 수혜주로 거론되며, CXL 국내 유일 고속 메모리 테스터 장비업체로 DDR5 전환 수혜로 부각.

■ 제주반도체

모바일 응용기기에 적용되는 메모리반도체를 개발/제조하여 판매. AI반도체의 저전력 저용량 메모리반도체 제품 설계 전문 수혜로 부각.

비만 치료제

체중 감소를 돕기 위해 사용되는 약물로, 다양한 메커니즘을 통해 체중을 조절함. 글로벌 빅파마들이 미래 먹거리로 여기며, 수십 조 시장이 될 것으로 여겨짐. 당뇨 치료제로 개발 중이던 GLP-1 계열 호르몬이 식욕 억제에 효과가 있다는 연구 결과가 발표되어 주목받음. 노보노디스크, 일라이릴리 등 글로벌 제약사가 비만치료제(위고비, 오젬픽)를 개발하여 판매 중. 비만치료제 후보물질의 개발, 유통, 기술 이전을 추진 중인 국내 기업들이 상승함.

관련 종목

■ 펩트론

GLP-1 계열 펩타이드의 지속 시간을 늘려주는 피하 주사용 기술(스마트데포) 글로벌 제약사에 물질이전. 장기지속형 비만치료 신약 후보물질 PT404 보유.

■ 인벤티지랩

장기지속형 비만치료제에 필수적인 자체 개발 기술(마이크로플루이딕스)을 보유하여 글로벌 제약사들의 비만치료 후보물질에 적용 기대. 유한양행과 비만치료제 공동 개발 진행.

■ 대봉엘에스

GLP-1 유사체 비만치료제 주성분인 '리라글루타이드'를 새로운 합성 방식으로 만드는 데 성공. 인도 제약사와 해당 리라글루타이드 위탁개발생산_{CDMO} 계약을 추진.

■ 블루엠텍

노보노디스크의 비만치료제 삭센다를 전국 약국에 유통함. 삭센다의 특허 만료가 다가오면서, 바이오시밀러 출시 추진 중인 노바티스가 고객사.

■ 삼천당제약

미국 제약사와 경구용 GLP-1 계열 세마글루타이드 성분의 비만약 독점 판매. 텀싯 계약 체결.

유리 기판

플라스틱 재질의 기존 반도체 기판을 유리로 대체한 차세대 기판. 기존 플라스틱 반도체 기판보다 안정성과 전력 효율이 높은 것이 특징. 그래픽처리장치$_{GPU}$와 고대역폭메모리$_{HBM}$ 등을 하나의 패키지로 구현해 성능을 극대화하는 AI 반도체 시대에 주목받음. 엔비디아, 삼성전자, SK하이닉스 등 주요 기업들이 유리 기판 도입을 언급하면서 시장에 부각된 테마.

관련 종목

■ 필옵틱스

반도체용 유리 기판에 전극을 만들기 위해 미세한 구멍을 뚫는 TGV 레이저 장비를 생산하여 글로벌 소재 기업과 수주 계약을 체결한 국내 유일 기업.

■ SKC

미국 자회사 앱솔릭스를 통해 개발한 '반도체 유리 기판'을 미국 반도체 제조사로부터 인증을 받았으며, 2025년 상반기, 세계에서 가장 먼저 양산에 들어갈 것으로 예상됨.

■ HB테크놀러지

반도체 유리 기판 검사장비 상용화를 준비 중으로, SKC의 자회사 앱솔릭스에 유리 기판 검사장비를 공급.

■ 와이씨켐

유리 기판용 박리액(스트리퍼)과 현상액(디벨로퍼) 제품을 상용화해 고객사에 공급 중. 유리 기판 전용 핵심 소재인 포토레지스트 양산 개시.

■ 제이앤티씨

반도체용 유리 기판 TGV 개발에 성공해 시생산라인 구축 등을 시작으로 2025년 이후 본격적인 제품 상용화를 추진.

송배전

전력을 생산하는 과정인 발전, 생성된 전력을 전송하는 과정인 송전, 송전된 전력을 소비자에게 전달하는 배전 과정으로 구성. AI 산업의 확대로 데이터센터 같은 곳은 대규모 전력이 필요. 전 세계적으로 대규모 전력 인프라 투자가 진행 중. 미국의 노후 송전망 교체로 전력 슈퍼 사이클 수혜를 받을 것으로 기대됨. 용인 반도체 클러스터 송전망 설계 이슈 등에 반응하는 테마.

관련 종목

■ HD현대일렉트릭

글로벌 대형 전력망 프로젝트가 활발해지면서 수요가 크게 늘고 있는 초고압 변압기 시장을 주력으로 하며, 북미 내 생산 거점이 있어 미국의 노후 송전망 교체 수혜.

■ LS ELECTRIC

중/저압을 중심으로 하는 배전 시스템을 주력으로 하며, 최근 미국 신재생에너지 단지에 대규모 수주를 따냈음. 2035년까지 미국의 송전망 투자 급증에 따른 수혜를 볼 것으로 전망됨.

■ 제일일렉트릭

스마트 배전기 제조 기업으로 국내외 전력망 설비시설 구축 뉴스에 반응하며, 글로벌 전력관리 기업인 이튼과 신규 수주 계약.

■ 효성중공업

변압기 및 발전기 사업을 영위하며, 국내 최초 200MW급 전압형 HVDC(초고압직류송전) 기술 개발 성공.

■ 제룡전기

송전/배전 자재 등을 제조 및 판매하는 기업. 2021년 이후, 해외 변압기 수출 비중의 꾸준한 증가로 영업이익이 상승하며 시장의 주목을 받음.

대왕고래

2024년 6월 3일 윤석열 대통령의 첫 번째 '국정 브리핑'을 통해 포항 영일만 앞바다에 최대 140억 배럴 규모의 석유와 가스가 매장됐을 가능성이 있다는 정부 발표에서 발생한 테마. 대왕고래 프로젝트로 불리는 동해 유전 및 가스전 개발 사업. 정부 주도 사업으로 테마의 규모가 큼. 시추에 필요한 배관/기계/장비 관련 기업과 석유가스 사업 영위 기업과 포항 영일만 지분 보유 기업, 엑손모빌/아람코 같은 프로젝트 참여설이 도는 글로벌 대기업 관련 기업, 프로젝트 국내 참여 희망 기업들이 상승함.

관련 종목

■ 한국가스공사

시추 성공 시 생산된 가스를 인수하여 육지까지 파이프라인 설치를 담당할 가능성에 수혜.

■ 포스코인터내셔널

해외 가스전 사업 영위 중으로 포스코그룹 사업 참여 가능성에 부각.

■ 화성밸브

동해 석유 가스 매장 가능성으로 시추에 필수적인 밸브 사업 수혜 부각.

■ GS글로벌

계열사 GS에너지 대왕고래 개발 전략회의 참여.

■ 한선엔지니어링

해외 참여 기업으로 엑손모빌이 언급되며, 사전 벤더 등록절차 및 현지 에이전트 계약을 진행 중인 부분 부각.

■ 웨이버스

대왕고래 프로젝트 주관사인 한국석유공사와 지질 탄성파 탐사 관련 시스템 공동특허 보유.

딥페이크

얼굴 인식 알고리즘과 같은 인공지능을 활용해 기존의 사진과 영상을 합성하는 이미지 기술. 2024년 텔레그램을 통한 딥페이크 성범죄물 유통 피해가 확산되면서 딥페이크 기술을 개발/제공하는 AI 기업들과 딥페이크 탐지 기술을 보유한 기업 등이 부각됨. 또한 딥페이크 범죄가 사회적 이슈가 되며, 관련 법안이 국회에 논의되면서 테마가 확대됨.

관련 종목

■ 샌즈랩

정부 연구 과제로 딥페이크 방어 시뮬레이션이 개발되고 있으며, 보안 업계 최초 딥페이크 탐지 서비스 출시.

■ 모니터랩

국내 웹방화벽 시장점유율 1위 및 웹 공격 인공지능 자동탐지솔루션 개발 이력.

■ 아이씨티케이

영상 콘텐츠의 진짜와 가짜를 구분하는 확실한 기준을 제시하는 워터마크와 같은 기능을 할 수 있는 PUF보안 기술을 보유하여, 딥페이크 합성물을 판별 가능하게 하는 사업 영위.

■ M83

자회사인 인공지능 기반 영상제작 기업 디블라트가 딥페이크 기술을 보유하고 있어, 정부의 딥페이크 범죄 방지 대책 수혜 기대감.

■ 한싹

딥페이크 영상의 미세한 흔적을 정확하게 분석해 진짜 영상과 가짜 영상을 구분해 낼 수 있는 기술 보유.

전기차 화재

2024년 지하주차장에 주차되어 있던 전기차에서 화재가 발생했고 이를 시작으로 전기차 배터리 화재가 연달아 이어지며 이슈 확대. 전기차 포비아 현상까지 나타나며 정부에서 화재 대책 관련 방안을 제시하면서 화재 방지와 대응에 관련된 기업들이 테마를 형성. 대체 배터리로 부각되는 전고체 배터리, 열 관리, 과충전 방지, 배터리 검사장비 등의 사업을 영위하는 기업이 테마로 엮임.

관련 종목

■ 이닉스

2차전지 안전성 확보를 위한 주요 부품을 생산하는 업체. 배터리셀 패드와 내화격벽 등 배터리 화재 발생 시 불길 확산을 지연시키는 제품 양산으로 부각.

■ 그리드위즈

전기차 충전 모뎀 및 충전기를 제조하는 업체. 정부가 화재 대응책으로 과충전을 방지하는 전력선통신PLC 모뎀 장착 지원 추진으로 PLC 1위 업체 부각.

■ 삼기이브이

외부 충격으로부터 보호하고 화재를 최소화하여 전기차 화재를 방지할 핵심 보호막 역할을 하는 엔드플레이트 생산 부각.

■ 민테크

전기화학 임피던스 분광법$_{EIS}$ 기반의 2차전지 진단 기술을 보유한 기업으로 국내 유일 전기차 배터리 화재 진단기술로 화재 예방 기술 부각.

■ 나노팀

전기차 화재 발생 시 화재의 전이를 지연시켜 주는 소재인 열폭주 차단소재 개발로 전기차 안전성 문제를 해결할 수 있는 핵심적 소재로 꼽히며 부각.

전고체 배터리

전고체 배터리란 전해질을 기존 액체에서 고체로 대체한 차세대 배터리로, 발화 가능성이 낮은 것이 특징. 최근 몇 년간 전기차 및 이동형 전자 기기 분야에서 큰 관심을 받는 주제이기도 함. 2024년 배터리 화재로 리튬이온 배터리를 대체할 전고체 배터리 관련주가 부각. 이에 전고체 배터리 사업을 영위하는 기업들이 테마로 엮임. 상용화되지 않은 기술이라 개발 관련 뉴스가 있을 때마다 주가가 움직임.

관련 종목

■ 한농화성

화학 소재 전문 기업으로 고성능 전해질 소재 개발을 하며, 국책과제로 전고체 배터리의 전해질 및 기타 소재 개발에 참여하여 부각.

■ 이수스페셜티케미컬

정밀화학제품 생산 및 판매업을 영위하며 전고체 배터리 고체전해질 원료인 황화리튬을 생산 및 판매. 핵심 전략사업으로 육성한다는 계획을 발표하며 부각.

■ 삼성SDI

우리나라의 대표적인 전기차 배터리 기업으로 리튬이온 2차전지를 생산하며 세계에서 가장 빠르게 전고체 배터리 개발. 2027년까지 황화물계 전고체 배터리 상용화 계획 발표로 부각.

■ 레이크머티리얼즈

반도체와 석유화학 촉매 사업 등을 영위하며 자회사인 레이크테크놀로지가 2023년 말 전고체 배터리 전해질 핵심 원료인 황화리튬 양산 설비를 완공.

■ 씨아이에스

2차전지 전극제조 장비 제조업체로 전고체 배터리용 전극 장비를 개발 중인 자회사 씨아이솔리드를 흡수 합병.

대마

국내에서는 마약류로 지정되어 있으나 의료용 대마는 합법화되었음. 미 일부 지역에서는 기호용 마리화나 판매가 합법화되었고, 미 바이든 대통령의 민주당 정책주로 차기 대선후보인 해리스가 이 정책을 이어받아 해리스 관련 테마로 움직였지만, 트럼프까지 대마 합법화를 지지하면서 주가가 크게 반응.

관련 종목

■ 우리바이오

건강기능식품 개발 제조와 스마트팜 연구 개발을 영위하면서 의료용 대마 관련 연구도 개발 중. 수도권에서 유일하게 정밀재배 기술을 적용한 밀폐형 식물공장시설에서 대마를 재배 중.

■ 오성첨단소재

자회사 카나비스메디컬을 설립하여 의료용 대마 시장에 진출했으며, 마리화나 물질 카나비노이드를 활용한 의료용 대마를 연구. 국내 최초 대마 치료제 관련 특허를 취득하여 부각.

■ 화일약품

원료의약품, 완재의약품, 기능성 건강식품원료 사업을 영위하며 의료용 대마 뇌질환 관련 특허를 보유한 카나비스메디칼의 지분을 49.15% 보유하여 부각.

■ 애머릿지

캘리포니아에서 합법적으로 제조된 대마 상품을 판매하는 업체로 현지 유일 마리화나 사업으로 부각.

■ 인벤티지랩

IVL-DrugFluidic 플랫폼을 기반으로 해서 장기지속형 주사제를 개발하는 기업으로, 의료용 대마 후보물질 활용 장기지속형 주사제 공동 개발과 상용화 계약 체결 부각.

식음료 생산, 가공, 유통, 외식업 사업을 영위하는 기업군으로 대표적인 소비재면서 원재료의 해외 의존도가 높고 외화 부채가 많아 환율 하락 수혜주로 평가받음. 삼양식품의 불닭볶음면이 SNS로 인해 수출 및 실적이 크게 상승함에 따라 테마 형성, 해외에서 K푸드(불닭볶음면, 냉동김밥, 삼계탕, 막걸리 등) 열풍으로 실적 기대감에 반응.

관련 종목

■ 삼양식품

불닭볶음면으로 전년 동기 대비 83% 증가한 해외 매출액을 보여 주며 실적이 예상치보다 높게 나오자 주가도 빠르게 상승하며 부각.

■ 사조대림

냉동김밥의 해외 인기로 2024년 4월 미국을 시작으로 냉동 김밥 수출을 본격화하고 가정간편식$_{HMR}$ 미국 진출 계획 중. 사조그룹 주식이 같이 움직이는 경향이 있음.

■ 우양

즉석 조리식품 수출입 및 제조업체로, 주요 매출처로는 CJ제일제당, 풀무원, 마켓컬리 등이 있음. 2024년 7월 냉동김밥 수출을 개시.

■ 마니커에프앤지

K푸드, K김밥의 뒤를 이어 삼계탕 역시 해외에서 인기를 얻고 있음. 수출 판매량의 증가세로 삼계탕 제품의 EU 수출 부각.

■ 국순당

K푸드 열풍에 힘입어 막걸리가 미 역대 최대 수출액을 기록하고, 최근에는 3년 연속 수출액 100억 원을 돌파하는 등 국내 전통주 업계 수출을 선도.

재생에너지

화석연료와 원자력을 대체할 수 있는 무공해 에너지로 크게 태양광과 풍력에너지 기업이 테마로 형성됨. 재생에너지에 관한 명확한 키워드가 있으면 강하게 움직이지만 그렇지 않으면 태양광과 풍력에너지 각각의 테마로 움직이는 경우가 많음. 친환경을 중시하는 미 민주당 정책으로 2023년 바이든 대통령의 인플레이션 감축법$_{IRA}$ 시행과 2024년 미 대선 해리스 후보의 정책주로도 부각받음.

관련 종목

■ SDN

태양광 발전사업자와 시스템 공급업체를 대상으로 태양광 발전시스템, 태양전지판, 인버터 등을 공급하는 태양광 사업을 영위.

■ SK이터닉스

SK디앤디의 재생에너지 사업이 인적 분할되어 상장. 신안우이 해상풍력 프로젝트 사업 영위 및 남원태양광발전소 사업 영위.

■ 금양그린파워

신재생에너지 개발 사업 수행을 목적으로 하는 종합건설기업으로 태양광에너지 사업 영위 및 대규모 육상풍력 사업 직접 추진.

■ 대명에너지

태양광과 풍력 사업을 함께 영위하며 다수의 풍력발전소 준공 및 EU, 러 에너지 의존 탈피 위해 신재생에너지 투자로 부각.

■ HD현대에너지솔루션

태양광 모듈 판매가 주력 사업이며, 태양광 모듈 판매 비중이 전체 매출액의 90%를 상회.

1. 한동훈

검사 출신 정치인으로, 국민의힘 당대표. 1973년 4월 서울 출생으로 청주시로 이사를 간 후 서울로 돌아와 현대고를 졸업. 서울대 법대 재학 중 사법시험에 합격하여 사법연수원 27기를 수료하고 컬럼비아대학원 로스쿨 이수. 2022년 5월 윤 정부의 법무부장관으로 임명되어 이민청 신설 등을 추진, 검찰 마약·강력부 부활 추진. 서울대, 컬럼비아대학원 동문, 청주 한 씨 등의 테마가 형성되고, 배우 이정재 씨와 현대고 동문으로 함께 찍은 사진이 이슈가 되어 이정재 씨와 관련한 종목들이 부각됨.

관련 종목

■ 부방

가전, 유통사업 영위. 사외이사 조상중 씨가 한동훈 당대표와 서울대 미국 컬럼비아 로스쿨 동문.

■ 오파스넷

네트워크 설계·구축·유지보수 전문기업으로 신동훈 사외이사가 한동훈 당대표와 27기 사법연수원 동기.

■ 태양금속

자동차 등 단조부품을 생산하는 회사로 한우삼 대표가 한동훈 당대표와 같은 청주 한 씨.

■ 대상홀딩스

식품특화 그룹 대상의 지주회사로 한동훈 당대표와 현대고 동문인 이정재 씨의 연인인 임세령 씨가 대상홀딩스 임원.

■ 아티스트유나이티드

온라인 모바일 광고 업체로 한동훈 당대표와 현대고 동문인 이정재 씨가 최대 주주.

■ 기타 관련주

오리콤, 덕성, 노을, 체시스, 원티드랩, 엑스페릭스, 인벤티지랩 등

2. 오세훈

변호사 출신 정치인으로 현직 서울특별시장. 1961년 1월 서울 출생이며, 한국외대 법학과에 입학한 후 고려대로 편입하여 졸업. 최초의 4선

서울특별시장인 만큼 인지도도 높아 차기 대선 후보로 거론됨. 이명박 전 대통령의 서울시장 입후보 당시 캠프 대변인으로 정책을 상당수 계승했음. 오세훈 관련 이슈에 고려대 동문들과 관련 있는 종목들이 상승함.

관련 종목

■ 진양산업

화학 분야 중심의 KPX그룹 계열사로서 진양홀딩스, 진양화학 등 계열사를 보유하고 있으며, 진양그룹의 양준영 진양홀딩스 부회장이 오세훈 서울시장과 고려대 동문으로 부각.

■ 진흥기업

토목 및 건축 공사, 주택 건설과 판매업을 영위하며 오세훈 서울시장이 2009년 서울시장 재임 당시 추진하던 서해비단뱃길 조성 계획으로 관련주 편입.

■ 누리플랜

도시경관 전문 회사로 디자인 서울 정책 관련주로 부각.

■ 금양

발포제 및 발포제 유관제품 제조업체, 2차전지 관련주로 금양의 류광지 대표이사가 고려대 동문으로 부각.

■ 한일화학

아연화를 주 사업으로 영위하며 한일화학의 김영수 감사위원이 오세훈과 고려대 동문으로 부각.

3. 홍준표

검사 출신 정치인으로, 국민의힘 소속 5선 국회의원이자 제35대 대구광역시장. 1953년 11월 경상남도 창녕군 출생으로 대구 영남중, 영남고, 고려대학교 행정학과를 졸업하고 사법시험에 합격. 대선 시즌이 되면 보수정당 대선 후보로 자주 거론되며, 19대 대선 때는 자유한국당(현 국민의힘) 대선 후보로 선출되었음. 20대 대선 시절 윤석열 대통령과 국민의힘 대선후보 경선 당시, 고향인 경상도에 본사나 공장이 위치한 기업들, 인맥 및 정책 수혜 기업들이 상승하며 테마가 형성됨.

관련 종목

■ 경남스틸

금형 및 코일가공 판매업체로 본사가 경남 창원에 위치하며, 최충경 회장이 경남상공회의소 협의장 재임 당시 도지사였던 홍준표와 행사에 참여한 이력 부각.

■ 한국선재

경남 밀양에 공장을 보유하고 있으며, 영위하는 선재류 사업이 홍준표의 밀양 신공항 정책 수혜 기대감.

■ 티비씨

대구·경북 지역방송 회사로 배병일 사외이사가 홍준표 당대표 시절 공천관리위원을 역임한 이력 부각.

■ 홈센타홀딩스

건축자재 도/소매업체로 밀양 신공항 건설에 정책 수혜 부각. 보광산업을 자회사로 보유.

■ DSR, DSR제강

와이어로프 등을 생산하는 업체로 홍석빈 대표가 남양 홍 씨 34대손으로 홍준표와 종친 관계 부각.

4. 이재명

변호사 출신 정치인. 제19·20대 성남시장, 제35대 경기도지사를 역임. 제21대·제22대 국회의원으로 현 더불어민주당 당대표. 경상북도 안동군 출생으로, 초등학교 졸업과 동시에 경기도 성남시로 이주. 가정 형편이 어려워 중학교 대신 공장을 다니고 산업 재해를 당하는 불운도 있었지만, 검정고시를 거쳐 1986년 중앙대학교 법학과를 졸업하고 제28회 사법시험에 합격. 제20대 대선 후보 시절 성남창조경영 CEO 포럼 참여 기업, 출신 지역인 안동 지역 기업, 중앙대 동문들과 관련 있는 기업들이 상승함.

■ 에이텍

공공기관용 PC 제조업체로 최대 주주인 신승영 씨가 이재명 대표의 성남시장 시절 성남창조경영 최고경영자$_{CEO}$ 포럼의 운영위원직을 맡은 것으로 알려지면서 부각.

■ 동신건설

종합건설 전문업체로서 이재명 대표의 고향인 경북 안동에 본사가 위치하고 있음.

■ 오리엔트정공

자동차 부품업체로 현대자동차 협력업체. 이재명 대표가 과거 계열사인 오리엔트시계에서 근무한 이력이 있다고 알려짐.

■ 프리엠스

건설용 중장비 전장품과 자동제어기기 제조 및 판매업체로 주도식 회장이 이재명 대표와 중앙대 동문으로 알려지며 시장에서 부각.

■ 형지엘리트

유니폼 및 학생복 전문 판매 의류업체로 무상교복 관련 이재명 정책 수혜 관련주로 부각됨.

■ 기타 관련주

토탈소프트, 한국팩키지, 카스, 수산아이앤티, CS, 이스타코, 범양건영 등

5. 김동연

관료 출신 정치인. 제8회 전국동시지방선거에 더불어민주당 경기도지사 후보로 출마하여 제36대 경기도지사에 당선. 1957년 1월 28일 충청북도 음성군 출생으로, 어릴 때 가족과 함께 서울로 이주했고, 덕수상고 졸업 후 은행에 취업하여 국제대(현 서경대) 졸업. 미시간대 대학원 출신. 김동연 지사 관련 이슈에 고향인 충북 음성군 소재 기업들, 덕수상고 동문들 관련 기업들이 상승함.

관련 종목

■ PN풍년

주방용품 제조업체로 과거 감사로 있었던 최상훈 씨가 김동연 경기도지사와 덕수상고, 국제대 동문이라는 사실 부각.

■ SG글로벌

자동차 시트커버 및 자동차시트 생산 및 유통 회사로 김동연 경기도지사 고향인 충북 음성 부근 충남 예산에 위치하여 부각.

■ 대성산업

대성그룹 계열사로 석유가스 및 기계 판매·해외자원개발 등을 주요 사업으로 영위. 김신한 사장이 김동연 경기도지사와 미시간대학 대학원 동문으로 알려지며 부각.

■ 코메론

금속제 줄자 및 섬유제 줄자 제조업 및 수출입 대행업 등을 영위함. 김동연 경기도지사가 흙수저 출신 저명인사들을 모아 결성한 '청야' 모임에 강동헌 코메론 대표가 멤버로 참여.

■ 세보엠이씨

국내 하이테크 설비공사 전문업체로 제조설비가 김동연 경기도지사 고향인 충북 음성에 위치.

6. 김경수

대한민국 정치인. 1967년 12월 경상남도 고성군 출생으로 제37대 경상남도지사이자 서울대학교 정치학 출신. 참여정부 시절 행정관 및 비서관 연임. 노무현 대통령 퇴임 이후 가족과 함께 경남 김해시 봉하마을에 정착해 노 전 대통령이 세상을 떠날 때까지 보좌했고, 그 이후 직접 정치에 입문하여 민주당 최초로 경상남도지사에 당선. 하지만 드루킹 여론조작 사건으로 실형을 선고받으면서 불명예 퇴진. 2024년 광복절 특사에서 복권이 결정되어 다시 정치 활동이 가능해짐.

■ 국영지앤엠

철도, 도시재생 관련 사업 등을 영위함. 최재원 대표가 김경수 지사와 서울대학교 정치학과 동문으로 알려지면서 시장에서 부각.

■ 미래아이앤지

금융솔루션 기업으로 서갑원 사외이사가 김경수 전 도지사와 노무현 캠프, 청와대에서 함께 근무한 이력 부각.

■ 디케이락

피팅밸브 제조업체로 과거 지역구이면서 봉하마을이 위치한 김해에 본사가 위치함.

■ 한국컴퓨터

전자제품 완제품의 생산을 위탁받아 생산하는 국내 최초의 EMS 전문 업체로 한국컴퓨터지주 홍정완 대표이사가 김경수와 서울대학교 동문.

■ 유니크

자동차 부품 제조업체로 과거 지역구이면서 봉하마을이 위치한 김해에 본사와 공장이 위치함.

기타 테마

1. 2차전지

2차전지란 한 번 쓰고 버리는 배터리가 아닌 재충전이 가능한 배터리를 의미. 즉 충전과 방전을 반복할 수 있는 전지로 양극재, 음극재, 분리막, 전해질 4대 핵심 소재로 구성. 2차전지는 모바일/휴대용 IT 기기와 전기차/하이브리드카 등 다양한 분야에서 활용되고 있음. 세계 자동차 기업들이 전기차로의 전환을 선언함으로써 상승.

관련 종목

■ **에코프로비엠, 엘앤에프, 엔켐 등**

2. 리튬

전기차 시장이 급성장하면서 배터리의 주요 원자재인 리튬의 수요 역시 급증하면서 부각. 리튬배터리의 핵심 원료인 탄산리튬과 수산화리튬 제조 및 임가공하는 기업 또는 리튬광산 채굴권 관련 기업군. 리튬 가격에 주가가 반응하는 편.

■ 포스코퓨처엠, 에코프로, 금양, 하이드로리튬 등

3. 곡물사료

곡물 가격 변동이나 사료 수요 증가와 같은 요인에 따라 이슈가 됨. 특히 전쟁, 가뭄, 기상 이변에 반응하며 움직임. 세계의 곡창지대로 불리는 우크라이나가 러시아와의 전쟁 때문에 수출의 주요 통로인 흑해 연안 항구의 운항이 중단. 곡물 가격이 급등하면서 크게 부각됨.

■ 한일사료, 미래생명자원, 고려산업, 한탑

4. 우크라이나 재건

우크라이나-러시아 전쟁이 종결된다는 기대감에 우크라이나와 연관이 있거나 재건 관련 기업이 테마를 형성. 우크라 종전에 관한 이슈 발생 시 부각. 미 대선에서 트럼프 후보가 당선되면 전쟁 지원을 중단하겠다는 발언을 하여 전쟁 종결 기대감으로 우크라 재건 관련주들이 강세를 보임.

■ 에스와이스틸텍, 현대에버다임, SG, 대모 등

5. 코로나마스크

코로나 바이러스의 전파를 막기 위해 착용하는 마스크로, 처음 코로나 발생 시 마스크 부족으로 약국에 줄을 서는 현상이 발생하여 마스크 테마 대두. 호흡기 비말을 차단하고 감염 위험을 줄이는 데 도움을 줌.

관련 종목

■ **웰크론, 모나리자, 깨끗한나라, 오공 등**

6. 코로나치료제

코로나 감염 환자 치료를 위한 치료제 개발 기업군. 코로나 발생 초기 국내외 제약사들이 치료제를 개발하겠다는 이슈로 크게 부각되었으나, 현재 국내에 허가된 치료제는 화이자가 개발한 '팍스로비드'와 미국 머크$_{MSD}$의 '라게브리오', 셀트리온의 '렉키로나'뿐. 심지어 렉키로나는 현재 생산이 중단되었음.

관련 종목

■ **그린생명과학, 신풍제약, SK케미칼, 일동제약, 셀트리온 등**

7. 애플카

미 Apple사에서 개발 중이던 자율주행 전기차와 그 자동차가 속한 브랜드. 2020년 12월 LG전자가 애플카 협력 이슈로 상한가. 결국 2024년 2월 말 Apple이 개발 포기를 선언함.

관련 종목

■ **대성파인텍, LG전자, 인포뱅크, 모트렉스, 에이테크솔루션 등**

8. 바이오

2024년 미국 중앙은행$_{Fed}$이 긴축 중단을 선언하면서 제약, 바이오 업종이 가장 큰 수혜를 받을 것으로 기대 중. 비만치료제 개발사 등 일부 기업들이 투자자를 끌어들이고, 제약/바이오업계 혁신도 계속되고 있는 만큼 미국 중앙은행$_{Fed}$의 금리 인하는 바이오 기업들의 가치를 끌어올리는 데 도움을 줄 것이라는 리포트가 있음.

관련 종목

■ **유한양행, 알테오젠, 일동제약, 셀트리온, SK바이오사이언스, 한미약품 등**

9. 메타버스

가상, 초월을 뜻하는 meta와 세계를 뜻하는 universe의 합성어인 메타

버스~Metaverse~는 아바타 등을 활용해 소통할 수 있는 가상 세계를 의미함. 2021년 페이스북이 사명을 메타 플랫폼즈로 변경하면서 메타버스 테마가 크게 주목받았음. 가상의 세계가 현실을 대체할수록 어마어마한 성장과 수익의 기회를 만들어 낼 것이라는 기대감에 반응.

관련 종목

■ **선익시스템, 한글과컴퓨터, 핑거, 가온미디어, 한빛소프트, 덱스터, 자이언트스텝 등**

10. 네옴시티

사우디 북서쪽 홍해 인근 사막에 서울의 44배에 달하는 대규모의 친환경, 관광 도시를 짓는 사우디의 프로젝트이며 사업비는 총 670조 원에 달했음. 초고속 통신망과 신재생에너지, 모빌리티 등에 삼성, SK, 현대차, LG, 롯데 등 국내 대표 대기업이 참여를 희망. 사우디와 협력 이력이 있는 기업이 테마로 엮임.

관련 종목

■ **한미글로벌, 에스와이, 유신, 현대에버다임, 대모 등**

11. 후쿠시마 오염수

2011년 동일본대지진으로 발생한 후쿠시마 원자력발전소 사고로 그

동안 보관하던 방사능 오염수를 바다에 방류하겠다는 계획이 수립되어 테마 형성. 후쿠시마 오염수 방류로 수산물, 소금, 닭고기, 방사능측정기 관련주들이 수혜를 얻을 것으로 전망되어 부각된 종목군.

관련 종목

- ■ **인산가, 보라티알, CJ씨푸드, 샘표식품, 피코그램 등**

12. 금리 인상

금리가 인상되면 중앙은행이 시중에 풀린 유동성을 회수하기 때문에 자산의 가격이 떨어질 수 있음. 한편 금리가 상승하면 예대마진이 높아져 은행, 보험 업종의 수익성이 향상되어 금리인상 수혜주로 테마가 형성됨.

관련 종목

- ■ **제주은행, SCI평가정보, 고려신용정보, 푸른저축은행 등**

13. 로봇

산업용, 제조용, 협동용, 지능형 로봇 관련 종목군. 삼성전자가 로봇사업팀을 발족하여 본격적으로 로봇 시장에 진출했고, 현대, LG등 대기업이 로봇 시장에 투자. 삼성전자의 보행 보조 웨어러블 로봇 '봇핏'이 출시를 준비 중이며 봇핏에 부품을 공급하는 업체들이 주목받음.

■ 레인보우로보틱스, 이랜시스, 두산로보틱스, 에브리봇, 대동 등

14. STO

STO(토큰증권)는 블록체인 기술을 이용하여 자산을 디지털 증권 형태로 발행하고 자금을 모집하는 방식. 블록체인 사업 및 NFT(대체불가토큰) 사업 영위 기업들이 상승. 정부의 토큰증권 법제화에 대한 기대감에 상승.

■ 핑거, 갤럭시아머니트리, 갤럭시아에스엠, 케이옥션 등

15. 초전도체

전기 저항이 0이 되는 초전도 현상과 외부 자기장에 반자성을 띠는 마이스너 효과가 있는 물질을 의미. 2023년 국내 연구진이 발표한 초전도물질 LK-99는 비즈무스(Bi)와 구리(Cu)로 이루어진 화합물로, 상온에서 초전도성을 가지는 것으로 주장, 세계적인 주목을 받음. 이석배 교수가 설립한 '퀀텀에너지연구소' 지분투자 기업, 구리 관련 기업, 초전도체 사업 영위 기업들이 반응.

■ **신성델타테크, 씨씨에스, 서남, 덕성 등**

16. 조선

조선은 선박과 해양 구조물을 설계/건조/수리하는 산업으로, 해상 운송과 해양 자원 개발에 중요한 역할을 함. 미국이 중국 조선에 제재를 가한 덕분에 한국 기업들이 반사이익을 얻었음. 트럼프 후보가 당선이 되면 화석 연료 투자의 확대로 조선업이 수혜를 받을 수 있다는 기대감이 있음. 증권가에서는 16년 만에 슈퍼 사이클에 돌입한다며 우리나라 기업들의 수혜를 예상함.

■ **HD현대마린솔루션, STX중공업, 현대힘스 등**

17. 밸류업

대주주의 횡포와 경영상의 악습으로 국내 상장된 기업들의 가치를 낮게 평가하는 코리아 디스카운트 해소를 위하여 대한민국 정부가 PBR(주가순자산비율)이 낮은 저평가된 기업의 가치 상승을 위해 기업 밸류업 프로그램을 발표하면서 테마 형성. 금융지주사 및 자동차업종이 수혜 예상으로 상승함.

■ **KB금융, 하나금융지주, 현대차, 기아 등**

18. 생물보안법

미국 정부와 산하 기관, 정부 예산을 지원받는 기업이 중국 바이오 기업과 거래하는 것을 금지하는 내용의 미국 법안을 발표. 법안이 통과될 경우 중국 기업들의 거래 활동이 제한되면서 우리나라 기업이 반사이익을 받을 수 있어 테마가 형성됨.

관련 종목

■ **삼성바이오로직스, 바이넥스, 에스티팜, 에이프로젠 등**

19. 자율주행

운전자가 핸들, 가속페달, 브레이크 등 차량을 조작하지 않아도 스스로 주행하는 기술을 말하며, 그와 관련된 종목군. 2020년 미 알파벳 산하 자율주행차 개발 기업 웨이모에서 자율주행 택시 서비스를 시작, 테슬라의 로보택시가 2026년 양산을 목표로 둠. 자율주행 투자, 개발 완료, 시범 운행과 같은 이슈로 테마가 움직임.

관련 종목

■ **라이콤, 에스오에스랩, 퓨런티어, 모바일어플라이언스, 슈어소프트테크 등**

1. 초수익 성장주 투자

마크 미너비니 지음 | 김태훈 옮김 | 김대현 감수 | 400쪽 | 25,000원

'투자의 신'이라 불리는 마크 미너비니의 국내 첫 번역본이다. 마크 미너비니가 말하는 성장주는 재무제표 면에서 확실하게 성장하는 종목이다. 초수익은 운으로 만들어지지 않는다. 마크 미너비니가 공유한 투자법을 통해 모두 차세대 애플, 구글, 스타벅스를 찾길 바란다.

2. 초수익 모멘텀 투자

마크 미너비니 지음 | 송미리 옮김 | 380쪽 | 24,500원

독자들에 질문에 네 명의 위대한 트레이더가 라운드 테이블에 둘러앉아 대답하는 형식을 취한다. 누군가는 이들의 답변을 통해 본인의 투자가 망하는 이유를 발견할 것이고, 또 누군가는 더 좋은 성과를 위한, 시장을 이긴 위대한 트레이더들의 비밀을 발견할 수 있을 것이다.

3. 챔피언처럼 생각하고 거래하라

마크 미너비니 지음 | 송미리 옮김 | 김대현 감수 | 348쪽 | 25,000원

철저하게 규칙에 대한 책이라고 할 수 있다. 저자는 '그가 산 주식이 그가 원하는 대로 움직이지 않으면' 어떻게 대응해야 할지 시나리오별 대응법을 마련해 놓고 있다. 이것이 저자가 꾸준히 수익을 올리는 비결이며, 우리가 책에서 배워야 할 규칙이자 기술이다.

4. 이동 평균선 투자법

고지로 강사 지음 | 김정환 옮김 | 208쪽 | 17,000원

이동 평균선으로 '에지가 있는 상태'를 찾아내서 투자 수익을 내는 방법이 담긴 책이다. 에지가 있는 상태란 가격이 끊임없이 변동하는 가운데, 사는 것이 유리하거나 파는 것이 유리한 국면을 뜻한다. 줄다리기로 비유하면 어느 한쪽의 태세가 흐트러지는 상황으로, 확률에 따른 트레이딩을 거듭해 종합적으로 이익을 내는 게 이 책이 말하는 투자법이다.

5. 거래량 투자 기법

애나 쿨링 지음 l 송미리 옮김 l 304쪽 l 23,000원

거래량 가격 분석법으로 번역되는 VPA(Volume Price Analysis) 트레이딩법의 특징은 세력과 기관, 즉 소위 스마트 머니를 이기는 것이 아닌 그들을 따라 매매하는 것이다. 그렇다면 어떻게 스마트 머니를 따라 매매할 수 있을까? 무엇보다 세력과 기관이 매수, 매도한 것을 어떻게 알 수 있을까? 이 책은 그 부분에 대해서 다룬다.

6. 미국주식 처음공부

수미숨(상의민), 애나정 지음 l 412쪽 l 22,000원

이레미디어에서 처음 선보인 '처음공부' 시리즈로 월급만으로는 자산 증식을 꿈꾸기 어려운 시대, 미국주식에 투자하고 싶지만 무엇을 어떻게 시작해야 할지 막막한 초보자들이 믿고 따라할 수 있도록 2030의 눈높이에 맞춰 친절하고 풍부한 설명과 다양한 그래픽 자료를 포함했다.

7. 제시 리버모어의 주식투자 바이블

제시 리버모어 지음 /이은주 옮김 l 340쪽 l 17,500원

이 책은 제시 리버모어 최고의 권위자라고 할 수 있는 리처드 스미튼이 현대에 맞게 그의 투자 철학과 기법을 재해석하고 있다. 리처드 스미튼은 개인 문서와 가족들로부터 입수한 자료를 통해 리버모어의 주식 매매기법에 관한 귀중한 자료를 제공함과 동시에 이러한 정보를 이용해 현대의 기술적 투자 기법에 접목하는 방법을 제시하고자 했다.

8. 볼린저 밴드 투자기법

존 볼린저 지음 l 신가을 옮김 l 김정환 감수 l 352쪽 l 25,000원

'볼린저 밴드'의 창시자 존 볼린저가 직접 저술한 원작을 완역하여 펴낸 책이다. 볼린저 밴드를 알고자 하는 투자자라면 원작자의 볼린저 밴드 개발 아이디어부터 승률을 높이기 위한 최적의 설정 방법, 원작자로부터 지표 선택 방법을 직접 들을 수 있다.

9. 돈에 대해 생각하고 또 생각하라

앙드레 코스톨라니, 요하네스 그로스 지음 | 한윤진 옮김 | 288쪽 | 17,000원

앙드레 코스톨라니를 독일의 금융 전문 잡지인 〈캐피털〉에서 오랫동안 편집장을 지낸 요하네스 그로스가 인터뷰하는 형식으로 진행된다. 당시의 금융계 이야기, 본인 지인에 대한 에피소드 위주로 늘어놓은 그의 다른 책과 달리, 이 책은 온전히 그의 일생에 집중한다. 사실상 자서전이라 할 수 있을 것이다.

10. 채권투자 처음공부

포프리라이프(석동민) 지음 | 300쪽 | 21,000원

막 채권에 입문했거나 입문하고 싶어 하는 개인투자자를 위해 쓰인 채권 책이다. 개인투자자가 쓴 개인투자자를 위한 입문서라는 점에서도 특별하다. 수많은 경제 변수에 따라 큰 위험이 동반하는 투자 수단들과 달리 채권투자는 배우기만 하면 누구나 쉽고 안전하게 효율적인 수익률을 거머쥘 수 있다.

11. cis의 주식 투자 법칙

cis 지음 | 김정환 옮김 | 272쪽 | 18,500원

이 책의 저자인 cis는 BNF와 더불어 일본에서 가장 유명한 투자자 중 한 명으로, 21살에 자본금 3000만 원으로 시작해서 2018년 기준 2300억 원을 모은 사람이다. 그가 전설적인 트레이더가 되기까지의 여정을 그린 이 책을 읽고, 주식거래를 하는 데 있어서 그의 실전 노하우와 집중해야 할 것과 집중하지 말아야 할 것을 구분하는 지혜를 배울 수 있을 것이다.

12. 기업분석 처음공부

체리형부 지음 | 296쪽 | 21,000원

28년간 정량적 분석과 재무제표 분석의 틀을 마련하며 이 분야에서 실력자로 자리매김한 체리형부 저자 역시 한때 IMF와 금융위기를 경험하며 기업분석의 필요성을 절실하게 느낀 바 있다. 그런 그의 경험과 당시의 심정 그리고 그에 따른 절박함이 이 책에 고스란히 담겨 있다.

13. 돌파매매 전략

systrader79, 김대현(Nicholas Davars) 지음 | 292쪽 | 25,000원

윌리엄 오닐, 마크 미너비니, 데이비드 라이언, 댄 쟁거 등 전설적인 트레이더들이 사용한 전략인 돌파매매 기법을 다룬 책이다. 돌파매매의 핵심 원리, 셋업, 매물대와 차트 패턴 분석, 종목 선정, 진입 시점, 손절매, 수익 쿠션 확보, 자금 관리 등 돌파매매에 필요한 기초 이론부터 실전 투자에 도움 되는 예시까지 상세하게 다루고 있다.

14. 심리투자 법칙

알렉산더 엘더 지음 | 신가을 옮김 | 588쪽 | 27,000원

아마존에서 20여 년 넘게 장기 베스트셀러의 자리를 지키고 있는 《심리투자 법칙》이 21년 만에 개정판으로 출간됐다. 이번 전면 개정판은 주가 분석, 트레이딩 계획 수립, 자신의 트레이딩 역량 평가에 대한 새로운 해법을 제시한다. 또한 최신 차트로 모두 변경했고, 규칙과 기법에 관한 명쾌한 해설 역시 첨부했다.

15. 시장의 마법사들

잭 슈웨거 지음 | 임기홍 옮김 | 598쪽 | 26,000원

세계 최고의 트레이더 17인의 인터뷰집이다. 성공한 트레이더는 시장에서 어떤 방법을 사용하였는지, 어떻게 항상 시장에서 높은 수익을 올릴 수 있었는지, 어떤 매매원칙을 고수하였는지, 초기 매매경험은 어떠했는지, 다른 트레이더들에게 어떤 조언을 해주고 싶었는지를 밝힌다.

16. 실전투자의 비밀

김형준 지음 | 344쪽 | 22,000원

약 10만 명의 구독자를 보유한 '보컬경제TV'의 저자의 개정판이다. 장세에 흔들리지 않으며 지속적으로 수익을 낼 수 있는 저자만의 독창적인 시장관과 실전 수익률대회 우승에 실제 사용했던 매매 기법을 이 책에 자세히 소개했다. 특히 개정판에서는 새롭게 정리한 13가지 매매 기법을 볼 수 있다.

빅 트레이더의 주도주 매매법

초판 1쇄 발행 2024년 12월 13일
초판 3쇄 발행 2024년 12월 31일

지은이 서희파더(이재상)

펴낸곳 ㈜이레미디어
전화 031-908-8516(편집부), 031-919-8511(주문 및 관리)
팩스 0303-0515-8907
주소 경기도 파주시 문예로 21, 2층
홈페이지 www.iremedia.co.kr   **이메일** mango@mangou.co.kr
등록 제396-2004-35호

편집 이병철 **디자인** 황인옥 **마케팅** 김하경
재무총괄 이종미 **경영지원** 김지선

ISBN 979-11-93394-54-0 (03320)

· 가격은 뒤표지에 있습니다.
· 잘못된 책은 구입하신 서점에서 교환해드립니다.
· 이 책은 투자 참고용이며, 투자 손실에 대해서는 법적 책임을 지지 않습니다.

당신의 소중한 원고를 기다립니다.
mango@mangou.co.kr